영적 지도자의 자질 'FIDELIS'

네비게이토 선교회는
국제적이며 복음적인 기독교 기관이다.
예수 그리스도께서는 자기를 따르는 자들에게
"너희는 가서 모든 족속으로 제자를 삼으라"
(마태복음 28:19)는 지상사명을 주셨다.
네비게이토 선교회는 세계 모든 국가에서
예수 그리스도의 일꾼들을 배가시켜
이 지상사명의 성취를 돕는 것을
근본 목표로 하고 있다.

네비게이토 출판사는
네비게이토 선교회의 문서 선교를 담당하고 있다.
본 출판사에서는 그리스도인의 영적 성장을 돕는
서적과 자료들을 출판하여,
그리스도인의 삶의 기초가 견고한
헌신된 제자로 성장하게 하고,
나아가 성숙한 인격과 지도력을 갖춘
일꾼이 되도록 돕고 있다.

저자: **하 진 승**
    한국 네비게이토 선교회 원로 회장

영적 지도자의 자질
'FIDELIS'

하 진 승

TO KNOW CHRIST AND TO MAKE HIM KNOWN

차 례

글을 시작하며 ·················· 7

1. 믿음 (Faith) ·················· 9

2. 주도권 (Initiative) ·················· 21

3. 부지런함 (Diligence) ·················· 35

4. 탁월성 (Excellence) ·················· 57

5. 사랑 (Love) ·················· 67

6. 정직[청렴성] (Integrity) ·················· 83

7. 희생 (Sacrifice) ·················· 93

글을 시작하며

　주님께서 우리에게 맡겨 주신 그리스도인들을 효과적으로 도와주고 가정을 잘 이끌어서 그들로 영적 배가를 이루는 주님의 충성된 일꾼이 되도록 돕는 일은 영적 지도자의 주요한 책임입니다. 이러한 책임을 잘 감당하기 위해서 우리에게는 'FIDELITY'라고 하는 자질이 필요합니다.

　'FIDELITY'라는 말의 어원은 라틴어 'FIDELIS'에서 유래된 것으로 '빈틈없이 충실함, 충성스러움, 성실함'의 뜻을 가진 말이라고 합니다.

　이러한 사실을 잘 기억하고 실천하는 데 도움이 되도록 이 'FIDELIS'라는 글자의 알파벳 순서대로 시작하는 단어 7개를

활용하여 주님의 충성된 영적 지도자에게 필요한 자질들을 알아보도록 하겠습니다.

'FIDELIS'

Faith (믿음)

Initiative (주도권)

Diligence (부지런함)

Excellence (탁월성)

Love (사랑)

Integrity (정직[청렴성])

Sacrifice (희생)

1
믿음 (Faith)

그 첫째가 F로 시작되는 'Faith' 곧 '믿음'입니다.

충성스럽게 또한 빈틈없이 다른 그리스도인들을 이끌어 나갈 수 있는 영적 지도자의 자질을 갖추기 위해서 우리에게 첫째로 필요한 것은 믿음입니다.

히브리서 11:6 말씀을 보겠습니다.

믿음이 없이는 기쁘시게 못 하나니 하나님께 나아가는 자는 반드시 그가 계신 것과 또한 그가 자기를 찾는 자들에게 상 주시는 이심을 믿어야 할지니라.

그리스도인들을 이끌어 가는 지도자로서의 역할을 잘하려면 여러 가지 필요한 것이 많이 있겠지만 무엇보다도 우선적으로 필요한 것은 바로 믿음입니다.

믿음이 없이 어떻게 성도들 각 개인이나 그룹이나 팀을 이끌어 나갈 수 있겠습니까? 지도자가 믿음이 없으면 그가 맡은 팀에는 아무런 활력소도 없게 되고 문제만 많이 생기게 됩니다. 일어나는 모든 문제를 잘 살펴보면 결국 그 문제의 근원에는 이 믿음이 연관되어 있는 것을 보게 됩니다. 믿음이 부족하거나 없기 때문에 불평이 나오고, 믿음이 없기 때문에 인간적인 여러 생각이 강하게 영향을 끼치게 되고, 자기 의견이 강해지고, 이렇게 해서 여러 문제가 꼬리를 물고 발생하게 되는 것을 봅니다.

그러나 믿음이 있으면 고린도후서 10:5 말씀과 같이 "모든 이론을 파하며 하나님 아는 것을 대적하여 높아진 것을 다 파하고 모든 생각을 사로잡아 그리스도에게 복종케…" 하는 일들이 그 개인과 팀에 일어나게 되는 것입니다. 그래서 모든 문제를 살펴보면 그 근원이 믿음과 관계되어 있는 것을 생각할 때, 그들을 이끌어 가는 지도자와 팀의 모든 구성원은 특별히 이 믿음을 키워야 하고 놀라운 믿음을 가져야 한다는 것을 생각할 수 있습니다. 그런데 지금 히브리서 11:6 말씀을 묵상해 보면 믿음에 두 가지 요소가 있다는 것을 알게 됩니다.

그 첫째는 "반드시 그가 계신 것"을 믿는 믿음입니다.

우리 그리스도인들 중에 '반드시 하나님이 계신다'는 사실을 부인하는 사람이 어디에 있겠습니까? 그리스도인이면 다 하나님이 계시는 것을 믿습니다. 그러나 이 말씀에서 하나님이 계신 것을 믿는다는 것이 하나님의 존재를 부인하지 않는 정도의 믿음으로만 우리가 이해하면 되겠습니까? 이 말씀에서 하나님이 계신 것을 믿는 믿음은 그런 정도로 믿는 것이 아니라는 것을 알아야 합니다.

하나님의 존재를 부정하지 않고 인정하는 정도의 믿음이 아니라 '하나님이 나의 현재 삶에서 나와 함께 계시고', 내가 하나님께 나아갈 때에 '하나님도 나에게 임재해 주시고 나와 만나 주시며 나의 말을 들어 주시고 나를 인도해 주시는 분'으로 믿는 믿음입니다.

하나님이 계시기는 계시는데 저 멀리 계셔서 잘 보이지도 않으시고 나와는 별 관계가 없는 것 같은 그런 하나님으로 믿는 것이 아닙니다. 하나님의 존재를 믿지만 나와 인격적인 관계는 없고 멀리 떨어져 계셔서 내가 외치는 소리를 들으실까 말까 한 존재 정도로 믿는 믿음이 아니라, 나와 함께 친밀히 동행해 주시고 내가 사람들을 도와 가는 사역에까지 세심한 관심을 기울여 주시는 분으로 믿는 믿음입니다. 내가 기도할 때는 큰 관심으로 귀를 기울여 주시고, 내가 주님과 마음을 열고 교제를 열망할 때에는 즉시 나와 함께해 주시는 그러한 하나님이신 것입니다.

우리가 개인적으로 주님과의 깊은 교제를 못 가지는 큰 이유 중의 하나는 하나님의 존재는 믿지만 내가 기도할 때 주님이 나와 함께하시며 내 기도에 귀 기울여 들으시고 응답하신다는 믿음이 없기 때문에 교제의 열망이 생기지 않는 것입니다.

그래서 주님과의 교제에 열망을 가지려면 주님께서는 나보다도 먼저 더 나에게 깊은 관심을 가지고 나와 함께하기를 기뻐하고 계신다는 믿음을 키워야 합니다.

두 번째 요소는 하나님이 "상 주시는 이심"을 믿는 것입니다.

하나님은 이방 신처럼 생명이 없는 죽은 존재가 아니라, 살아 계시며 활동하시고 우리를 인도해 주시고 우리의 모든 필요를 채워 주시고 또한 우리의 헌신적인 믿음의 삶에 상을 주시기까지 하시는 하나님이심을 믿어야 합니다. 그렇기 때문에 하나님에 대한 우리의 믿음은 그분과 함께하고자 하는 열망으로 나타나야 하는 믿음이며, 또 하나님은 나의 모든 필요를 실제적으로 채워 주시는 그런 하나님이심을 믿고 기도할 때에 이 믿음을 하나님께서는 기뻐하시는 것입니다. 우리의 믿음에는 수준이 다른 여러 믿음이 있는데, 하나님을 기쁘게 해 드릴 수 있는 가장 올바른 믿음은 바로 이 두 가지 요소가 갖추어져 있는 믿음입니다.

히브리서 11:6은 바로 그 앞의 5절 내용과 연관되어 있습니다. 5절은 에녹이라는 한 사람의 믿음에 대하여 말씀하고 있는데 그 에녹의 믿음의 삶이 바로 6절에서 언급하는 두 가지 요소를 갖추고 있는 믿음이었습니다. 그래서 에녹은 첫째로 하나님께서 계시는 것을 믿었습니다. 앞에서 말씀드린 것과 같이 에녹이 하나님이 계신 것을 믿었다는 것은 하나님의 존재를 부정하지 않는 정도의 믿음이 아니라, 하나님께서는 에녹 그에게 개인적으로 임재하셔서 그의 삶 속에서 손을 잡고 이끄시고 그와 동행하시는 하나님이신 것을 믿었다는 것입니다.

그리고 둘째로 에녹은 하나님이 자기를 찾는 자에게 상 주시는 분이심을 믿는 믿음이 있었습니다. 그래서 이 믿음 때문에 그는 놀라운 상을 받았습니다. 그 상은 바로 죽음을 보지 않고 옮겨지는 것이었습니다.

믿음으로 에녹은 죽음을 보지 않고 옮기웠으니 하나님이 저를 옮기심으로 다시 보이지 아니하니라. 저는 옮기우기 전에 하나님을 기쁘시게 하는 자라 하는 증거를 받았느니라. (히브리서 11:5)

그러한 믿음의 삶으로 말미암아 그는 하나님을 기쁘시게 했습니다. 6절은 그런 믿음이 바로 하나님을 기쁘게 하는 믿음이라는 것을 말씀하고 있습니다.

범사에 하나님을 찾지 않는 여러 이유를 생각할 수 있는데 가장 근본적인 원인은 믿음이 없기 때문입니다. 우리에게 믿음이 없는 것이 가장 큰 문제입니다.

혹시 우리 중에도 '나는 분명히 확신을 하고 있고, 모든 성경 말씀이 하나님의 말씀인 것을 알고 있고, 또 하나님에 관한 모든 것을 그대로 인정하고 있는데, 나에게 믿음이 없다니 그게 무슨 말이지?' 하고 의아해할 수도 있겠지만 우리의 실제 삶에서는 무의식 가운데 믿음 없이 사는 경우가 너무나 많이 있다는 것입니다.

자기 개인의 문제에서, 자기 개인의 생각에서, 또는 팀을 이끌어 가는 문제 등 여러 영역에서, 실제적으로는 믿음으로 행하지 않는 일이 너무나도 많이 있는 것을 보게 됩니다.

이렇게 믿음이 없을 때 나타나는 현상은 자신의 즉흥적이고 충동적인 판단력으로 일을 처리하게 될 때가 있고, 자신이 지금까지 살아오면서 혹은 사역하면서 경험한 방법이나 지혜 등을 자연스럽게 더 의지하고 있는 상태인데도 빨리 반성하고 사소한 일에까지도 하나님을 먼저 더 의뢰하는 믿음으로 돌이키지 않고 있을 때도 있습니다.

그렇기 때문에 자기가 맡은 성도들을 이렇게 이끌어 가는 영적 지도자는 결국 얼마 못 가서 좌절에 빠지고 실수와 문제를 많이 안고 수렁에 빠지게 되는 것입니다. 이는 주님을 따르는 삶을 살면서 열심으로 하기는 하지만 문제가 있었을 때 그런 문제를 하나님 중심의 믿음으로 해결하지 않고 결국 자기 지혜의 판단이나 상식적 판단으로 자연스럽게 처리했기 때문이었다는 것을 말씀드리고 싶습니다.

새로운 깨달음과 새로운 분별력의 믿음이 없었기 때문에 지금까지의 내 경험과 내 상식으로 문제를 다루어 나갔지 곧 믿음에 필요한 이 두 가지 요소를 자기의 문제를 해결하는 데 믿음으로 새롭게 적용하지 못했기 때문에 문제가 된 것입니다. 그렇기 때문에 팀을 이끌어 나가는 지도자는 믿음을 더욱 길러야 됩니다. 지도자 개인의 믿음의 훈련뿐만 아니라 팀 훈련에 있어서도 가장 큰 과제는 팀의 믿음을 키우는 것입니다. 믿음의 팀이 되도록 해야 합니다.

히브리서 11:6을 다시 보겠습니다.

믿음이 없이는 기쁘시게 못 하나니 하나님께 나아가는 자는 반드시 '그가 계신 것'과 또한 그가 자기를 찾는 자들에게 '상 주시는 이심'을 믿어야 할지니라.

여호수아가 이스라엘 백성과 함께 한 팀으로 여리고성 앞에 섰을 때에 그 팀은 믿음이 강한 팀이었습니다. 여러 가지 정교한 기술이 많이 있는 팀이나 획기적인 전략과 전술을 갖춘 팀이 아니라 오직 '믿음이 강한 팀'이었습니다(여호수아 6장 참조).

그들은 매일 하루에 한 바퀴씩 6일 동안 6번 여리고성 주위를 돌았습니다. 그리고 마지막 날은 하루 종일 여리고성을 7차례 돌고 큰 소리로 외쳤을 때에 그 성이 갑자기 무너졌습니다. 그렇게 된 것은 그들이 뛰어난 기술이나 전략을 가지고 있었기 때문이 아니었습니다.

역사적으로 수많은 전쟁이 있었고 그 전쟁에 훌륭한 전술 전략을 제공해 준 많은 전략가가 있었지만 여호수아 팀의 여리고성 함락 전쟁에서는 그런 전략은 찾아볼 수가 없습니다. 그들이 한 일은 인간적 지혜와 방법으로 볼 때는 그렇게 뛰어난 전략은 아니었지만 그들이 믿음으로 한 것 때문에 그렇게 놀라운 기적이 일어나는 경험을 하였던 것입니다.

요나단과 병기 든 자, 그 두 사람의 팀도 믿음 때문에 놀라운 승리의 기적을 경험했습니다(사무엘상 14:6-16 참조).

역대하 20장에서 유다왕 여호사밧은 그 백성과 함께 모압 적군을 물리칠 때 어떠한 방법으로 했습니까? 그들은 잘 훈련되고 준비된 무슨 특수군을 동원하거나 또 다른 나라에 신무기나 지원군을 요청하거나 특공대를 조직하거나 하는 방법으로 하지 않았습니다.

여호사밧의 이스라엘 진영이 취한 것은 일반 상식으로 생각하기에는 참 이상한 방법이었습니다. 그들은 전부 찬송을 불렀습니다. 그렇게 무리를 지어서 찬송을 하며 적군 앞으로 나아갔습니다. 찬송밖에 하지 않았습니다. 그런데 승리하였습니다. 이것은 옛날 어떤 동화책에 나오는 그런 지어낸 이야기가 아니라 실제로 일어난 역사적 사실입니다. 그들이 믿는 그 믿음 뒤에 계신 하나님께서 이러한 역사를 일으켜 주신 것입니다. 이러한 모든 경우는 믿음의 팀에게만 일어날 수 있는 특권입니다.

그러한 믿음이 없이는 이러한 경험을 결단코 할 수가 없습니다. "그 노래와 찬송이 시작될 때에 여호와께서 복병을 두어 유다를 치러 온 암몬 자손과 모압과 세일산 사람을 치게 하시므로 저희가 패하였으니"(역대하 20:22).

우리 각 사람이 지금까지 팀을 이끄는 영적 지도자가 되기까지 여러 가지 많은 경험을 했을 줄로 압니다. 그런 가운데 과연 나는 일생 동안 잊지 못할 놀라운 큰 믿음의 역사를 하나님께서 일으키시는 것을 경험했던 때가 언제였는지, 그런 경험이 정말 나에게 있었는지, 이런 것을 생각해 볼 필요가 있습니다.

앞에서 이야기한 믿음의 두 가지 요소를 내 마음에 간직함으로 말미암아 우리 각 사람에게도 비록 여호수아가 경험한 것처럼 또는 요나단이나 여호사밧이 경험한 것처럼 대단한 일은 아니라 할지라도, 인간의 힘으로는 될 수 없었던 그런 놀라운 경험을 한 적이 있었는지 생각해 보시기 바랍니다.

영적 지도자로서 우리가 맡고 있는 각 팀에는 여러 가지 장점이 많이 있다고 생각합니다. 그러나 이 모든 장점 중에 반드시 우선적으로 갖춰야 될 제일 중요한 장점은 믿음의 팀이 되는 것입니다.

우리 각자는 하나님과의 개인적인 관계에서 과연 어떤 질적인 믿음을 가지고 있습니까? 나는 과연 매일매일의 삶과 또 팀 또는 그룹을 이끌어 나가는 사역에 있어서 하나님이 함께해 주심에 대한 믿음과 매일같이 약속의 말씀을 믿는 믿음으로 하고 있는지를 살펴봐야 합니다.

또 어떤 어려움에 처해 있을 때도 여전히 하나님이 나를 불러 주신 그 부르심에 대한 흔들림 없는 확신이 있는지요?

그냥 다른 사람이 강하게 이끌어 가기 때문에, 혹은 나의 영적 지도자의 강한 충고 때문에 할 수 없이 그렇게 살고 있는 수준인지, 그렇지 않으면 정말로 내 자신 스스로가 이 부르심에 대한 개인적인 믿음이 있는지, 이런 점을 잘 점검해 보고 우리 각자의 믿음이 주님 앞에 질적인 믿음이 되도록 해야 하겠습니다.

2
주도권 (Initiative)

FIDELIS의 두 번째 글자 I로 시작하는 중요한 자질은 'Initiative' 곧 '주도권'입니다.

이니셔티브는 선도적인, 진취적인, 앞장서서 행하는 태도, 솔선수범, 또는 주도적으로 하는 행위, 자발적으로 밀고 나가는 정신 등을 의미합니다. 그런데 이 이니셔티브는 믿음과 섬김의 태도(servanthood)에서 나온다고 생각합니다. 즉 주도적인 삶은 개인의 성격에서 나오는 것이라기보다는 그 사람의 믿음과 섬김의 태도가 행동화되어 나오는 것입니다.

함께 팀웍을 하다 보면 어떤 형제나 자매는 여러 가지 일어나는 상황에서 특별하게 이 주도권을 나타내고 있는 것을 보게 됩니다. 다른 사람보다 한 걸음 앞서서 생각하고, 앞서서 행동하는 사람이 있습니다. 보통 사람들은 흔히 그것은 그 사람의 성격 때문에 그렇다고 생각하거나 그 사람의 타고난 장점이라고 생각하기도 합니다.

'그런데 나는 그런 것이 없어서 문제야!' 이렇게 생각하는 사람도 있지만, 그러나 이것을 성격 문제로 미루지 말고 첫째는 믿음, 그다음에는 섬김의 태도, 이 두 가지에 문제가 있기 때문이라는 것을 생각해 봐야 하겠습니다.

우리가 어떠한 일에 자신감이 없다든가 몸이 피곤하다든가 정서적으로 잠시 안정감이 없다든가, 또는 여러 가지 일에 쫓기고 있다든가 할 때, 또는 어떤 다른 사람이 항상 나보다 한 걸음 앞서 나서는 것 때문에 나에게는 기회가 없게 느껴질 때, 주도적으로 솔선하려는 생각이 없어질 뿐만 아니라 이런 분위기에서는 나는 별로 의미가 없는 존재 같아서 가능한 대로 여기를 떠나고 싶다고 생각하는 사람도 있습니다.

이것은 많은 사람들이 다 조금씩은 경험을 하고 있는 일인 줄로 압니다. 이런 문제의 이유를 잘 살펴보면 바로 믿음의 문제와 그다음에 다른 사람을 적극적으로 섬기고자 하는 종의 태도가 부족해졌을 때에 생기는 문제임을 보게 됩니다.

이런 면에서 마가복음 6:35 이후에 나오는 오병이어의 기적에 대한 내용은 우리에게 큰 교훈을 주고 있습니다.

제자들은 수많은 무리를 먹이는 일에 있어서 회피하고 싶었습니다. 그 일에서 자기들은 손을 떼고 싶은 생각이 있었습니다. 그래서 그들은 아주 조리 있고 합리적으로 핑계를 댈 수 있는 내용들을 예수님 앞에 열거하며 설명을 했습니다.

첫째, 여기는 빈 들이옵니다.
둘째, 때가 이미 저물었나이다.
셋째, 우리는 그 많은 음식을 살 만한 돈이 없습니다.

그런데도 예수님께서는 37절에서 "너희가 먹을 것을 주라" 하셨습니다.

제자들은 다시 불가능의 이유를 설득력 있게 열거합니다. "이 사람들을 다 먹일 떡을 사려면 200데나리온이나 되는 엄청난 돈이 들어갑니다."

그래서 200데나리온이 얼마나 큰 돈인지 한번 찾아보았습니다. 깜짝 놀랄 정도로 큰 돈이었습니다. 그것은 200명이나 되는 청년들이 어떤 농장에 들어가서 하루 종일 일하고 받는 품삯에 해당하는 돈이라고 했습니다. 그 금액이면 약 2,400명이 여관에서 하루 묵는 숙박비에 해당하는 돈이라는 설명도 있었습니다.

이런 엄청난 돈이 들어간다는 것을 생각할 때에 수많은 사람들에게 먹을 것을 공급한다는 것은 도저히 계산적으로는 자기들이 감당하기에 맞지 않는 일이었습니다.

이 정도로 얘기하면 예수님께서도 충분히 납득할 수 있는 이유가 될 것이라 생각했을 것 같습니다. 주님께서는 "좋다. 뭐 그렇다면 할 수 없지!" 이렇게 수긍하실 수 있는 그러한 이유들이 아닐까 생각하며 자신 있게 이야기했습니다. 그리고 이제 마지막에는 문제점만 얘기한 게 아니라 아주 그럴듯한 계획을 하나 세운 것을 제안하기까지 했습니다. "우리가 하기엔 불가능한 이러이러한 이유들이 있으니까 그들로 하여금 돌아가서 각자가 자기 먹는 문제를 스스로 해결하도록 하시지요." 그렇게 하는 것이 가장 합리적이고 아주 최고의 방법인 것처럼 주님께 제안을 드렸습니다.

이러한 핑계들이 왜 생겼느냐 하면 그들에게도 역시 두 가지 문제가 걸려 있기 때문입니다. 하나는 자기들에게 있어서 필요한 모든 것을 공급해 주실 수 있는 유일하고 가장 중요한 원천과 자원이 되시는 예수님을 잘못 믿고 있었다는 것입니다. 즉 그들의 믿음에 문제가 있었던 것입니다.

둘째로 제자들은 그 많은 무리들을 어떻게 해서라도 적극적으로 섬겨 보려고 하는 마음이 없었기 때문이었습니다.

다른 사람을 섬기려는 마음과 주님께 대한 믿음이 없을 때는 그들이 생각하는 이유들이 아무리 합리적이고 조리 있고 철저하다 할지라도 그들이 제안한 방법은 주님 앞에는 거절당할 수밖에 없는 것이었습니다.

우리도 그런 경험을 많이 했을 것입니다. 주님 앞에 가서, "저는 다음과 같은 여러 이유 때문에 이것을 하기 어렵습니다. 할 수 없습니다" 이렇게 이야기할 때가 얼마나 많이 있었습니까?

사역을 해 나갈 때, 개인적인 카운슬링을 할 때, 또 내 개인적인 문제를 해결하려고 할 때 이런 핑계를 얼마나 자주 댔습니까?

제자들이 이런 핑계를 댈 때 주님은 그런 핑계에 대해서 수긍하지도 허락하지도 아니하셨습니다. 왜냐하면 그 이유가 아무리 합리적이라 하더라도 그들에게 필요한 것은 '믿음'이고, 또 그들에게 필요한 것이 다른 사람을 섬기는 '종의 도'이기 때문입니다. 또 그 결과가 '상급을 얻게 되는 것'이기 때문에 그것을 배우도록 그들의 생각을 고쳐 주시려고 주님께서는 그들로 하여금 그 일을 회피하지 말고 하라고 하셨습니다.

그래서 "너희가 먹을 것을 주라!"라고 하셨던 것입니다. 제자들로서는 도저히 상상할 수 없는, 인간으로서 이해가 되지 않는 말씀을 들었습니다.

"너희가 먹을 것을 주라!" 이것은 '너희가 이니셔티브를 가져라', '너희가 솔선수범해서 행하라'는 말씀입니다. 믿음으로 앞장서서 행하는 이니셔티브는 종종 이상한 것같이 오해를 받을 때도 있습니다. 무례하게 보일 수도 있고 무모하게 보일 수도 있습니다. 그래서 믿음 없고 또 종의 도가 없는 다른 사람들에게는 문제가 되고 질투를 받기도 하고 또 손가락질을 받기도 하며 심지어 욕을 먹는 경험을 할 수도 있습니다. 그러나 주님은 우리가 이 두 가지가 있는 사람,

**즉 믿음이 있고,
다른 사람을 섬기려는 마음이 있는 사람,**

한마디로 이번 일에서 주도적인 태도, 이니셔티브를 가진 사람이 되길 원하고 계셨던 것입니다.

이니셔티브를 갖지 못하는 중요한 이유 두 가지를 말씀드렸는데 그것을 좀 다른 측면에서 말하자면 자기 문제는 보지만 주님을 보지 못하는 문제인 것으로 생각해 볼 수도 있습니다. 자기 외에 더 좋은 다른 자원을 찾으려고 하지 않는 것입니다. 자기 능력으로 못할 것 같으면 회피하고 안 하려고 하는데 그것은 교만입니다. 그래서 이니셔티브를 가지는 데 첫째 방해 요인은 **교만**입니다.

팀을 이끌다 보면 내가 하지 못할 때에, 다른 사람 즉 자기 리더나 또는 다른 사람에게 "이것 좀 해 주십시오. 나는 잘 못하니까 이걸 도와주십시오" 이렇게 다른 리더나 다른 동료에게 도움을 요청하거나 부탁해 보려고 하지도 않고, 특히 주님께 기도하며 도움을 요청하지도 아니하고 그냥 그것을 포기해 버리는 것입니다. 내가 못하는 일을 다른 사람에게 부탁하는 것보다는 차라리 하지 않는 것이 더 낫다고 생각하는 이러한 교만이 있는 것을 우리는 사역에서 종종 경험하게 됩니다.

다른 사람에게 도움을 부탁하는 것은 잠깐 한 번 바보가 되는 것이지만 자존심이나 교만 때문에 그 일을 남에게 도움을 부탁하느니 차라리 완전히 포기해 버리자 하는 것은 자신을 영원한 바보로 만드는 것입니다.

또 이니셔티브를 가지는 데 큰 방해가 되는 것 중 하나는 **두려워하는 마음**입니다. 이 두려움은 사탄이 자주 사용하는 무기인 것을 기억해야 합니다.

실수에 대한 두려움, 다른 사람의 비판에 대한 두려움, 평가에 대한 두려움, 또는 시기에 대한 두려움, 육체적인 열등감, 비교 의식, 이러한 모든 것이 내가 사역을 해 나가는 데 얼마나 자주 마음에 두려움과 압박감을 느끼게 합니까?

'내가 이런 일을 하면 그 후에 나의 리더가 어떻게 생각할까?' '내가 이런 일을 할 때 나의 동료들이 나를 어떻게 생각할까?' 이런 것들을 생각하다 보면 두려움이 앞서고 그러면 나는 이니셔티브를 가질 수가 없게 됩니다. 그저 주저앉고 싶어지는 것입니다.

모세는 처음에 자기 동족을 위하는 불타는 마음이 있었습니다. 그들을 위한 이 종의 도가 있었기 때문에 그는 앞장서서 이니셔티브를 발휘했습니다. 그러나 그것이 결과적으로 실수로 끝났습니다(출애굽기 2:11-15). 그러나 생각해 보면 그것이 그 순간에는 실수였지만 그 실수가 영원히 실수로 남는 것이 아니었습니다. 그 일이 결국은 모세로 하여금 위대한 지도자 모세가 되게 하는 중요한 한 과정이었던 것입니다. 모세도 당시에는 그것이 영원히 실수로 끝난 일로만 생각했습니다. 그래서 한때 그는 완전히 주저앉았습니다. 출애굽기 4:13에서 하나님께서 찾아오셔서 그를 부르셨을 때 그는 "주여, 보낼 만한 자를 보내소서!"라고 대답했습니다. '나는 그냥 여기 있고 싶습니다. 더 뭘 할 수가 없나이다. 그전과 같은 그런 실수를 또 범하고 싶지 않습니다.' 모세도 이러한 두려움이 있었습니다.

모세는 훗날 또 중대한 실수를 합니다. 민수기 20:7-13에 보면, 백성들이 물이 없어 불평하자, 모세는 백성들에게 분노하였습니다. 그래서 하나님께서 "반석에게 명하여 물을 내라 하라" 하셨는데, 모세는 "우리가 너희를 위하여 이 반석에서 물을 내랴?" 하면서 반석에게 명하지 않고 그 손을 들어 그 지팡이로 반석을 두 번 쳤습니다. 이로 인하여 약속의 땅에 들어가지 못하게 되는 결과를 초래하였습니다.

우리는 일생 동안 수많은 실수를 합니다. 영적 지도자로 수고하는 기간 동안에도 정말 실수를 많이 할 수 있습니다. 일주일 동안에도 여러 차례 지적을 받고 자주 책망을 듣기도 합니다. 그렇게 책망을 받을 때 '아, 내가 또 실수했구나! 그래 나는 할 수 없구나!' 이런 두려움 때문에 그다음부터는 다른 사람이 손잡고 끌어서 억지로 무엇을 해 달라고 하기 전까지는 가만히 앉아 있거나 가능한 대로 적당히 다른 사람에게 양보하거나 미루려는 생각이 들 수 있습니다. 이니셔티브를 행사할 용기를 잃게 된 것입니다. 이런 생각에 머물러 있는 리더는 성공적인 리더가 되지 못하고 또한 그 팀은 활기가 없는 팀이 됩니다.

우리가 실수했을 때 사탄은 우리에게 두려움을 줍니다. 또 성공했을 때는 다른 사람이 두려움을 주기도 합니다. 그러나 우리가 주님을 바라보는 믿음이 있을 때 그리고 내가 실수를 하여 그로 인해 내가 어떤 평가를 받든지 다른 사람을 섬겨야 되겠다는 마음가짐 즉 종의 도가 철저하게 준비되어 있으면 우리는 자기에 대한 평가에 두려워하지 않고 다른 사람을 열심히 섬기는 일에 이니셔티브를 계속 가지고 살게 됩니다.

느헤미야 6:13-15를 보면 느헤미야에게는 실로 두려운 여건이 많았습니다. 느헤미야와 백성들은 별로 기술도 없었습니다.

모든 백성이 손이 피곤하고 지쳐 있었습니다. 그럴 때에 그들의 대적자들은 그들 앞에 나와서 그들의 기를 꺾으려고 조롱했습니다.

> **이는 저희가 다 우리를 두렵게 하고자 하여 말하기를 "저희 손이 피곤하여 역사를 정지하고 이루지 못하리라" 함이라.**
> (느헤미야 6:9)

이렇게 조롱했을 때에 느헤미야는 하나님께 대한 믿음과 또한 백성들을 섬기기 위한 종의 도 때문에 주저앉지 아니하고, 9절 끝부분을 보면 "이제 내 손을 힘 있게 하옵소서"라고 기도하며 주님께 그 두려움을 맡겼습니다. 주님께 두려움을 맡긴다는 것은 그저 '내 두려움을 주님께 맡깁니다'라고 기도하는 것으로 끝나는 것이 아니라 실제로 두려움이 사라져야 됩니다.

섬기려고 하는 마음에는 두 가지 영역이 있습니다. 첫째는 **하나님을 섬기고자** 하는 사랑의 마음이며, 두 번째는 **사람을 섬기고자** 하는 사랑의 마음입니다.

예수님께서는 이런 면에서 놀라운 주도권의 본을 보여 주셨습니다.

요한복음 10:17-18에서 예수님께서는 자기가 목숨을 빼앗기는 것이 아니라, 즉 힘이 없어서 할 수 없이 억울하게 잡혀 가지고 죽음을 당하는 것이 아니라 스스로 목숨을 버린다고 하셨습니다. 다시 말하면 주님께서는 주도권을 가지셨습니다. 왜 그렇게 하셨습니까? 그것은 우리의 죄를 해결해 주시기 위한 사랑 때문이었습니다.

또 요한복음 21장에 예수님의 부활 후 제자들이 도로 옛날 직업인 고기잡이로 돌아간 상태에 있을 때 누가 먼저 주도권을 쥐고 찾아가셨습니까? 주님께서 먼저 나서서 찾아가셨습니다. 주님께서 제자들이 있는 바닷가로 찾아가셔서 미리 고기도 맛있게 구워 놓으시고, 그들이 고기를 못 잡아서 쩔쩔매고 있을 때 고기도 잡게 해 주시고, 배고픈 그들로 하여금 먹게 해 주시고 쉬게 해 주시고 마음을 즐겁게 해 주셨습니다.

또한 앞으로 새로운 일을 할 수 있는 마음을 회복시켜 주는 일에 바로 주님께서 주도권을 쥐고 움직이셨습니다.

요한복음 13장에서 사랑에 대한 가르침을 주실 때에도 주님께서 먼저 주도권을 쥐셨습니다.

주도적인 자세가 없는 사람은 지도자가 아닙니다. 우리 중에 아무리 놀라운 타이틀이 있다 하더라도, 아무리 오랫동안 그리스도인들을 이끌어 가는 지도자의 역할을 했다 할지라도, 그런 공식적인 타이틀이 그를 영적 지도자로 만드는 게 아닙니다. 믿음과 다른 사람을 섬기려는 마음의 주도적 태도가 있어야 진정한 지도자인 것입니다.

우리는 또한 긍정적인 일에서만 주도권을 쥐는 게 아니라 부정적인 문제가 생겼을 때 그것을 해결하는 일에 있어서도 다른 사람보다 앞장서서 행해야 합니다. 마태복음 5:23-24에서 다른 사람과 문제가 생겼을 때 누가 먼저 찾아가라고 하셨습니까?

그러므로 예물을 제단에 드리다가 거기서 네 형제에게 원망 들을 만한 일이 있는 줄 생각나거든 예물을 제단 앞에 두고 '먼저 가서' 형제와 화목하고 그 후에 와서 예물을 드리라.

여기에서 문제의 상대방과 나 둘 중에 누가 먼저 찾아가야 됩니까? 예! 내가 먼저 찾아가야 합니다. 다시 말하면 먼저 행하는 주도권, 먼저 움직이는 솔선하는 마음이 있어야 합니다. 이것이 없으면 결국 서로 더욱 불편하게 되어 시간이 지나면서 문제가 해결되는 것보다는 문제를 더 크게 확대시키게 됩니다. 그래서 지도자인 자신이나 또한 자기가 이끄는 그 팀원 모두에게 긍정적인 일에서나 부정적인 일에서나 이 모든 면에서 믿음과 섬기려는 태도로 이니셔티브를 먼저 가지도록 해야겠습니다.

3
부지런함 (Diligence)

FIDELIS의 세 번째인 D는 'Diligence'입니다. 이것은 '부지런함', '근면한 삶'을 의미합니다.

잠언 12:24 말씀을 읽어 보겠습니다.

부지런한 자의 손은 사람을 다스리게 되어도 게으른 자는 부림을 받느니라.

이 말씀처럼 부지런한 자의 손은 사람을 다스리게 됩니다. 사람을 다스리는 일이란 바로 지도자가 하는 일입니다. 그러므로 부지런한 사람이 질적인 지도자가 될 수 있다는 말씀입니다.

부지런한 자에 대한 약속의 말씀으로 잠언 12:24을 믿음으로 주장하며 실천해 보시기 바랍니다.

그러나 이 말씀 뒷부분을 보면 '게으른 자는 부림을 받는다'고 하였습니다. 게으른 사람은 결코 다른 사람을 잘 이끌어 주는 지도자가 되지 못하고 여전히 다른 사람의 보살핌을 받아야 되는 영적으로 어린 상태에 남게 됩니다.

또 잠언 22:29에서는 "네가 자기 사업에 근실한 사람을 보았느냐?"라고 질문하고 있는데, 이러한 사람은 누구 앞에 선다고 하였습니까? "왕 앞에 설 것이요"라고 말씀하셨고 또 "천한 자 앞에 서지 아니하리라"라고 하셨습니다.

왕 앞에 설 수 있는 사람은 그 나라의 지도자급에 속하는 사람입니다. 이처럼 지도자가 될 수 있는 중요한 요소 중의 하나는 부지런함입니다.

하나님께서 부지런한 사람을 부르신 것을 성경 여러 곳에서 찾아볼 수가 있습니다.

사사기 6:11-12에서 하나님께서는 누구를 부르셨습니까?

여호와의 사자가 아비에셀 사람 요아스에게 속한 오브라에 이르러 상수리나무 아래 앉으니라. 마침 요아스의 아들 기드온이 미디안 사람에게 알리지 아니하려 하여 밀을 포도주 틀에서 타작하더니 여호와의 사자가 기드온에게 나타나 이르되 "큰 용사여, 여호와께서 너와 함께 계시도다."

하나님의 사자가 기드온에게 나타나 부를 때에 그는 무엇을 하고 있었습니까? 지혜롭게 또 열심히 밀을 타작하고 있었습니다. 즉 부지런히 일하고 있을 때에 부르신 것입니다.

누가복음 5:1-11에 예수님께서 베드로, 요한, 야고보를 제자로 부르실 때에도, 그들이 쉬면서 아무것도 하지 않고 있거나 잠자고 있을 때 혹은 오락을 하고 있을 때에 부르신 것이 아니라, 열심히 그물을 정리하는 일을 하고 있을 때에 불러 주셨습니다.

마태복음 9:9에는 예수님께서 마태를 부르신 이야기가 기록되어 있습니다. 그때 마태는 어떻게 하고 있었습니까? 아시는 것처럼 열심히 세금을 거두고 있었습니다.

예수님은 이렇게 일하고 있는 사람, 그것도 부지런히 일하고 있는 사람을 부르셨습니다. 주님께서 각 사람을 부르실 때 는 낮잠 자고 있는 사람의 꿈속에 나타나셔서, 마치 우리나라 옛날 무슨 동화에 나오는 것처럼 누가 자고 있는데 꿈속에서 산신령이 나타나 '무엇을 어떻게 해라!' 그런 식으로 부르신 게 아닙니다. 부지런하게 일하는 그 사람을 부르셔서 사람을 이끄 는 지도자로 삼아 주셨습니다.

이런 이야기들은 우리가 다 잘 알고 있는 내용인데 과연 나 는 얼마나 부지런한지 스스로 돌아볼 필요가 있습니다. 우리에 게는 사실 게으르고 싶은 욕망이 많습니다.

그런데 사람들이 가축으로 활용하고 있는 동물들을 잘 관찰 해 보면 전부 부지런한 동물들입니다. 소, 말, 닭 등 다 부지런 합니다. 근면하고 활동적이고 동작 빠르고 또 꾸준하고 열심히 일하는 부지런한 동물들입니다.

그러나 사람이 가축으로 사용하지 않는 동물들 곧 맹수류 동 물들은 어떻습니까? 음식 먹을 때만 재빠르고 그다음에 먹은 후에는 하루 종일 잠을 자거나 누워 있습니다. 그런 동물을 사 람들은 가축용으로는 별로 사용하지 않습니다. 사람들이 동물 을 사용할 때도 부지런한 동물을 좋아하듯이 주님께서 사람을 쓰실 때에도 부지런한 사람을 사용하십니다.

그런데 부지런하지 못한 사람의 특징은 무엇입니까?

첫째는 핑계가 많습니다.

잠언 26:13에서 그들이 무슨 핑계를 대고 있습니까? 집 밖으로 나오길 싫어하는 핑계로 길에 사자가 있다고 합니다. 문밖에 사자가 있으면 당연히 나갈 수 없습니다. 나가면 죽으니까요. 아주 그럴듯한 이유입니다. 우리에게도 사실은 게으른 것이 문제인데 아주 그럴듯하게 이유를 꾸며 가지고 다른 사람에게 이해를 얻으려고 핑계를 대는 적이 얼마나 많이 있습니까?

둘째로는 장래를 내다보고 미리 준비하지 않습니다.

마태복음 25:1-13에는 등을 들고 신랑을 맞으러 나간 열 처녀 예화에서 슬기로운 다섯 처녀들과 미련한 다섯 처녀들에 대한 이야기가 기록되어 있습니다. 슬기로운 다섯 처녀들은 부지런하게 등과 기름을 완벽하게 준비해 놓고 있었고 미련한 다섯 처녀들은 기름을 준비하지 않고 있었습니다. 미리 부지런히 준비하지 않은 이유는 미련하여 장래를 내다보지 못했기 때문이었습니다.

저희가 (기름을) 사러 간 동안에 신랑이 오므로 예비하였던 자들은 함께 혼인 잔치에 들어가고 문은 닫힌지라. (마태복음 25:10)

그래서 결국 준비를 못한 그들은 11-12절에 보면 "그 후에 남은 처녀들이 와서 가로되 '주여, 주여, 우리에게 열어 주소서.' 대답하여 가로되 '진실로 너희에게 이르노니 내가 너희를 알지 못하노라' 하였느니라"라는 결과가 되고 말았습니다.

우리의 소망인 예수님의 재림을 기다리며 미리미리 부지런히 준비하는 우리가 되어야 하겠습니다.

그런즉 깨어 있으라. 너희는 그 날과 그 시를 알지 못하느니라. (13절)

또 마태복음 25:26 이후 말씀에서 달란트 비유에 대한 내용 중 '게으른 종'에 대해 경고하고 있습니다.

그런데 이 마태복음 25장은 앞의 24장 내용과 아주 밀접한 관계가 있습니다. 24장에서 주로 말씀하신 것이 무엇이었습니까? 예수님의 재림에 대한 말씀입니다. 예수님의 재림과 그리스도인의 부지런한 삶, 이 두 가지는 아주 밀접한 관계가 있습니다. 즉 우리 그리스도인이 주님의 재림에 대해서 정말로 간절히 소망하고 있다면 당연히 재림을 기다리며 부지런히 준비를 해야 합니다.

우리 영적 지도자들이 잘 것 다 자고, 놀 것 다 놀고, 즐길 것 다 즐기고 그렇게 하면서 부지런할 수가 없습니다. 그러면 다른 사람을 이끌 수가 없습니다.

셋째로 게으른 자는 남을 괴롭히게 됩니다.

잠언 10:26에 보면 게으른 자에 대한 묘사가 있습니다.

게으른 자는 그 부리는 사람에게 마치 이에 초 같고 눈에 연기 같으니라.

누군가가 나에게 눈에 연기 같고 이에 초 같으면 얼마나 고통스럽겠습니까? 모임을 가질 때 게으른 몇 사람이 마땅히 준비해야 할 것을 준비해 오지 않으면 다른 사람들이 얼마나 불편합니까? 성경공부 시간에 미리 해야 할 준비도 안 해 오고, 암송도 안 해 오고, 그날 공부할 질문들 중에서 앞에 나오는 것 3-4개만 준비하고 뒷부분은 전혀 준비하지 않고 오기도 합니다. 왜 준비하지 못했는지 물어보면 핑계는 아주 그럴듯하지만 대부분은 결국 게을러서 그런 것입니다. 그래서 그 팀이나 그룹 전체에게 이에 초 같고 눈에 연기같이 될 때가 있습니다.

넷째로 게으른 사람은 이기적입니다.

게으른 사람이 대개 더 이기적(selfish)이고 자기중심적입니다. 열심히 일하지 않으면서 더 많이 얻기를 원합니다. 받기만 하는 사람이 주는 사람보다도 물건에 대한 욕심은 더 많기도 합니다.

디도서 1:12을 읽어 보겠습니다.

그레데인 중에 어떤 선지자가 말하되 "그레데인들은 항상 거짓말쟁이며 악한 짐승이며 배만 위하는 게으름쟁이라" 하니.

여기 나오는 그레데인들에 대해서 게으름쟁이라 하였는데 그들의 게으름이란 빈둥빈둥 자고 놀고 쉬고 가만히 앉아만 있는 것이 아니었습니다. 어떻게 보면 외적으로는 오히려 굉장히 활동적으로 보였을 수도 있습니다. 다만 그들은 자기 배를 채우기 위해서 남이 수고하여 이루어 놓은 것을 기회를 타서 자기 것으로 만들어 놓는 일에만 부지런했습니다. 그러므로 부지런하다는 것은 그저 잠 안 자고 열심히 활동적으로 무엇인가를 하는 것만을 뜻하는 것이 아닙니다.

남이 이루어 놓은 것을 내 것으로 취하기 위한 욕심 때문에 열심히 무엇을 하는 것은 역시 또 다른 게으름이라는 것을 이 말씀을 통해서 배울 수 있습니다.

겉으로 보기에 아무리 부지런하고 활동적이고 무언가 얻기 위해서 열심히 쫓아다니지만 자기 욕심을 채우기 위해 불의한 방법을 쓰는 것은 또 다른 게으름인 것입니다.

이기적이고 자기중심적으로 살기 때문에 다른 사람을 괴롭게 하고 마땅히 해야 할 자기 몫의 준비는 하지 않고 온갖 핑계는 지혜롭게 잘 대는 식으로 살고 있지는 않은지 돌아보아야 합니다.

❖ 부지런한 지도자

그러면 여기서 '부지런한 지도자'에 대한 말씀을 생각해 보겠습니다.

팀을 이끌어 나가는 지도자에게 있어서 부지런해야 될 세 가지 중요한 영역이 있습니다.

기억하기 쉽게 'P'로 시작하는 세 단어를 주제로 생각해 보겠습니다.

첫째, PLAN.

지도자는 '계획'에 부지런해야 합니다.

어떤 일에 부딪혀서 바쁘게 쫓아다닌다고 부지런한 것이 아니라 그에 앞서서 앉아서 생각해 보고 꼭 필요한 일들을 파악하여 실행할 계획을 잘 세울 줄 알아야 합니다.

부지런한 자의 경영은 풍부함에 이를 것이나 조급한 자는 궁핍함에 이를 따름이니라. (잠언 21:5)

여기에 나오는 조급한 사람도 보기에는 매우 활동적으로 보입니다. 굉장히 열심히 사는 것처럼 보입니다. 그렇지만 그 사람은 계획이 없이 행하기 때문에 바쁘기는 정신없이 바쁘지만 그를 통해서 일어나는 일은 별것이 없습니다. 조급하다는 것은 준비 없이 즉흥적으로 충동에 의해서 행하는 일이 많은 것을 말합니다.

어린아이들을 보면 이렇게 주로 감정에 따라 충동적으로 움직이는 경우가 더 많고 철저히 미리 계획을 세워서 하는 경우가 적은 것 같습니다. 어떤 장난감을 가지고 한참 놀다가 어느 사이에 그 장난감을 치울 줄도 모르고 그 자리에다 던져 놓고는 또 다른 걸 가지고 놀다가 어느 사이에 다른 방에 갔다가 그다음에 또 왔다가 이렇게 정신없이 바쁘게 노는 것을 봅니다. 그런데 어른이 된 사람들 중에도 영적으로 그렇게 살고 있는 사람이 있습니다.

사도 바울은 고린도전서 13:11에서 "내가 어렸을 때에는 말하는 것이 어린아이와 같고 깨닫는 것이 어린아이와 같고 생각하는 것이 어린아이와 같다가 장성한 사람이 되어서는 어린아이의 일을 버렸노라"라고 하였습니다. 계획 없이 조급하게 사역을 하고 조급하게 팀을 이끌어 나가는 것은 어린아이가 하는 수준입니다.

부지런함 (Diligence)

사도 바울이 장성한 후에 어린아이의 일을 버렸다는 말에는 이렇게 어린아이처럼 계획 없이 기분에 따라 즉흥적으로 사는 습관을 버리고 미리 잘 계획하여 행하는 수준으로 발전한 것도 포함된다고 생각됩니다.

우리도 이처럼 시간을 들여 계획을 잘 세워 실행하는 지도자가 되어야 합니다. 계획 세우는 일에 시간 투자하는 것을 아까워하면 일을 제대로 성취할 수 없다는 것을 알아야 합니다.

둘째, PEOPLE.

지도자는 '사람'에 대하여 부지런해야 합니다.

계획 세우는 일에 부지런해야 하지만 우리는 그 계획이 궁극적으로 무엇을 위한 것인지를 분명히 알아야 합니다. 우리 계획의 목적은 활동이나 행사 자체보다는 '사람'에 초점이 맞춰져 있어야 합니다. 많은 사람들이 수많은 계획을 세우고 있고 또한 많은 주님의 일꾼들이 엄청난 계획서를 가지고 있지만 그 계획들이 활동 자체를 위한 계획이 되면 결국 일어나는 일이 없게 됩니다. 각 사람의 참필요를 위해서 부지런해야 합니다. 자기가 돕는 사람들에 대해서 지도자는 실제적인 이해와 실제적인 도움이 되는 방법을 잘 가지고 있어야 됩니다.

잠언 27:23 말씀을 보겠습니다.

네 양 떼의 형편을 부지런히 살피며 네 소 떼에 마음을 두라.

네 양 떼의 형편을 어떻게 살피라고 했습니까? '부지런히' 살피라고 하였습니다. 또 네 소 떼에 무엇을 두라고 하였습니까? '마음'을 두라고 하였습니다. 마음을 둔다는 것과 부지런하다는 것은 직접적인 관계가 있습니다. 그렇기 때문에 부지런하지 못하다는 것은 다른 말로 표현하면 마음이 없다는 것입니다.

아침에 새벽같이 일어나서 일하는 사람들이 있습니다. 신문 배달원, 우유 배달원, 택배 기사 등 이런 사람들은 왜 그렇게 새벽같이 일찍 일어나는 줄 아십니까? 돈을 벌기 위해서입니다. 돈에 대한 마음이 있기 때문에 그렇게 일찍 일어나 부지런히 움직이는 것이지 아침에 잠자기 싫어서 일어난 사람들이 아닙니다. 그 사람들이 새벽에 잠이 안 와서 일찍 일어나 시간을 때우기 위해 우유 배달과 신문 배달을 하고 있는 것이 아닙니다. 많은 사람들에게 그날 아침에 필요한 것을 때에 맞게 도와주고 그 수고의 값을 벌기 위해 그렇게 하는 것입니다.

그래서 우리도 사람에 대한 마음이 있으면 그 사람을 위해 부지런해지게 됩니다. 목자가 자기가 이끄는 양 떼나 소 떼의 상태를 잘 모르면 그들을 잘 이끌 수 없습니다. 이끄는 시간만큼 그들을 부지런히 살피는 시간도 필요합니다. 이끌기만 좋아하고 보살피는 일을 소홀히 하고 그런 시간을 투자하지 않는다면 참목자가 될 수 없습니다.

제대로 보살피지 않은 양 떼나 소 떼는 초라해지게 되고 그들은 그렇게 보살피지 않는 목자를 즐겁게 따를 수가 없는 것입니다. 이처럼 팀을 이끌어 나가는 지도자들도 이러한 일에 특별히 관심을 기울이지 아니하면 그 결과의 어려움이 다 자기의 무거운 짐으로 남게 되는 것입니다.

목수가 하루 일을 시작하기 전에 충분한 시간을 내어 자기 연장을 가는 것을 본 적이 있습니다. 오래전에 우리 집을 수리할 때 목수 두 사람이 와서 일을 한 적이 있었는데 처음에 그들이 앉아서 그 오랜 시간 동안 연장만 갈고 있을 때 도저히 이해가 안 되었습니다. 그 짧은 낮 시간 하루 종일 기껏 일해 봐야 한 7-8시간 정도밖에 일을 못 하는데 그 귀중한 시간 중 꽤 긴 시간을 연장 가는 데다가 다 보내다니! 일하러 오기 전에 자기 집에서 날을 갈든지 하지 왜 여기 와서 그 귀한 시간을 흘려 버리는지 이해가 안 되었습니다.

그런 것이 마음에 들지 않아서 한번 말했더니 한 목수가 하는 말이 "연장이 잘 들어야 일을 잘하지요" 이렇게 아주 간단하게 나에게 대답하고 지나갔습니다. 그때는 내가 별로 즐겁게 듣지도 않았지만 사역을 할 때 그때의 일이 생각났습니다.

'그렇구나. 연장을 잘 갈아야 잘되지!'

일에 앞서 연장을 잘 갈아야 하듯이 과연 나는 사람을 면밀히 살펴보고 그 사람에게 꼭 필요한 것을 잘 돕기 위해 영적 연장을 부지런히 잘 준비하고 있는지 나에 대해 다시 생각해 보게 되었습니다.

시편 78:72 말씀에서 사람을 보살피는 데 있어서 중요한 두 가지 요소를 이야기하고 있습니다.

이에 저가 그 마음의 성실함으로 기르고 그 손의 공교함으로 지도하였도다.

여기서 '마음의 성실함으로' 길렀다 하는 것은 한마디로 사랑의 관심입니다. 이 사랑의 관심 다음에 그 '손의 공교함으로' 지도하였다고 하였는데, 이 '손의 공교함'은 실제적인 필요를 잘 돕는 기술입니다.

그래서 그 사람에 대한 사랑의 관심과 그 사람의 참필요를 도와주기 위해 지도할 수 있는 실제적인 기술은 반드시 병행해야 하는 것입니다.

사랑의 관심만 있고 공교한 기술이 없으면 사람을 감정적으로만 이끌고 말게 됩니다. 또 공교한 기술만 있고 사랑이 없으면 그 지도자에 대해서 어려워하고 마음을 열지 못하게 됩니다. 그래서 이 두 가지를 다 갖춘 지도자가 되기 위해서는 결국은 어떻게 해야 하겠습니까? 부지런하게 양면의 필요를 채워 줄 수 있는 자질을 갖추기 위한 자기 준비를 해야 되는 것입니다.

셋째, PRAYER.

영적 지도자에게 정말 부지런해야 할 영역은 '기도'입니다.

시편 63:6-7을 보겠습니다.

내가 나의 침상에서 주를 기억하며 밤중에 주를 묵상할 때에 하오리니 주는 나의 도움이 되셨음이라. 내가 주의 날개 그늘에서 즐거이 부르리이다.

밤중에도 자다 말고 일어나서 기도하고, 침상에 누워서도 주님께 기도하고, 시편 기자는 이와 같이 기도하는 일에 힘쓴다고 했습니다.

시편 42:1에서는 기도로 하나님을 찾는 간절함을 이렇게 표현하고 있습니다.

하나님이여, 사슴이 시냇물을 찾기에 갈급함같이 내 영혼이 주를 찾기에 갈급하니이다.

지도자는 기도하는 사람이 되어야 하고, 기도할 줄을 알아야 하고, 기도를 위해서 많은 시간을 보내야 합니다. 기도하는 일에 부지런해야 합니다. 자신이 이끌고 있는 그 팀이 하나님의 팀이라고 믿는다면 팀의 지도자는 기도해야 합니다. 기도하지 않으면 그 팀은 하나님의 팀이 아니라 사람의 팀이 될 수 있습니다. '이 팀은 정말로 사람인 나의 팀이 아니라 주님의 팀이다. 주님이 인도하시는 팀이다'라고 믿으면 그 팀의 주인

되시는 주님께 기도해야 합니다.

베드로는 그렇게 믿었습니다. 그렇기 때문에 그가 하는 사역을 위해서 열심히 기도했습니다. 사도행전 3:1에 보면 "제구 시 기도 시간에 베드로와 요한이 성전에 올라갈새"라고 했는데, 이렇게 베드로는 기도에 열심인 지도자였습니다.

사도행전 2:41에 "그 말을 받는 사람들은 세례를 받으매 이 날에 제자의 수가 삼천이나 더하더라"라는 말씀이 있는 바와 같이, 바로 얼마 전에 베드로를 통해서 3천 명이나 되는 엄청난 사람들이 그의 설교로 주님을 믿는 역사가 일어났고 이후 많은 믿는 사람들이 성전에 모여 말씀을 듣고 교제하는 일이 있었습니다. 이와 같이 바쁜 사역의 일정 가운데서도 베드로는 제9시 (즉 오후 3시)에 요한과 함께 기도하기 위해서 나란히 성전에 들어가고 있는 모습을 발견할 수 있습니다.

또 사도행전 10:9에서는 제육 시 기도 시간에 베드로는 기도하러 지붕 위에 올라갔다고 하였습니다. 유대인들은 하루에 3번씩 제삼 시와 제육 시와 제구 시에 기도를 한 것을 볼 수가 있는데, 베드로는 영적 지도자로서 매우 바쁜 중에도 이 기도 시간을 철저히 지켜 기도한 것을 알 수 있습니다.

또 바울도 아주 바쁜 사역 일정 중에도 사도행전 16:13,16에서 기도할 장소를 찾아다니고 있는 것을 볼 수 있습니다.

다니엘의 경우는 다니엘 6:10에서 하루에 세 번씩 목숨을 걸고 기도했습니다. 기도 제목을 전달해 주면서 "제발 기도해 주십시오!" 누가 이렇게 부탁을 해서 기도한 게 아니고, 한 달에 한 번씩 공적으로 보내 주는 그 기도 제목 때문에 기도한 것이 아닙니다. 기도가 금지된 환경에서 즉 기도하면 죽는다는 법이 선포된 것을 알면서도 하나님 앞에서 하루에 세 번씩 기도했다는 것은 기도는 생명을 걸고 할 일이라는 것을 알게 해 줍니다 (다니엘 6:7-9 참조).

기도하는 일에 지도자는 참으로 부지런해야 하겠습니다.

출애굽기 전체를 통해서 볼 때, 특히 출애굽기 17:1-7에 나타난 모세는 기도하는 지도자였습니다. 백성들에게서 수많은 문제가 하루가 멀다 하고 일어났을 때 그는 백성들과 다투지 않았습니다. 그들과 상대하여 말다툼을 하기보다 그때마다 주님 앞에 나가서 무릎을 꿇고 기도했습니다. 이스라엘 백성들이 출애굽 이후 지금 17장에 이르러서 한 가지 심각한 문제가 생겼습니다. 백성의 무리가 행진하여 가는데 물이 없었습니다.

만약 수양회의 참석자가 100명 정도 되는데 그곳에 물이 없다고 하면 어떻게 되겠습니까? 정말 굉장히 심각한 문제가 되는 것입니다.

그런데 이런 정도의 인원이 아니라 비교할 수도 없는 수많은 이스라엘 백성들이 먹을 물이 없다고 하면 그 문제는 보통 심각한 게 아닙니다. 그래서 모세를 돌로 치려고 하는 험악한 상황에 처하게 되었습니다. 그랬을 때 모세는 하나님 앞에 기도했습니다. 왜냐하면 이 문제의 해결책은 하나님밖에 없다는 것을 모세는 잘 알고 있었기 때문입니다.

우리 주님께서도 자기 자신이 하나님이시지만 모든 문제에서 기도하는 일에 모범을 보여 주셨습니다. 매우 바쁘시고 분주하신 중에서도 기도하는 것을 잊지 않으셨습니다. 주님께서는 그의 제자들의 팀을 기도로 선택하셨습니다. 처음에 그들을 택할 때도 기도하셨고 그들을 이끌 때도 기도하셨습니다. 그 팀을 세상에 남기고 떠나실 때도 그들을 위해서 기도하셨습니다. 예수님은 이처럼 처음부터 끝까지 팀을 형성하고 이끄는 것을 위해 기도하셨습니다. 이렇게 팀의 지도자가 기도하는 일에 부지런하지 않으면 사람을 이끌 수 없다는 것을 우리 주님을 통해 배우게 됩니다.

(예수님의 기도의 예: 마태복음 14:23, 마태복음 26:36, 누가복음 5:16, 누가복음 6:12, 누가복음 9:18,28,29, 누가복음 11:1, 누가복음 22:44, 마가복음 1:35, 마가복음 14:32)

P로 시작하는 이 세 가지, 즉 Plan(계획), People(사람), Prayer(기도) 중에서 과연 나는 어느 면에 부지런하지 못한지 잘 살펴서 문제를 해결할 수 있기를 바랍니다.

4
탁월성 (Excellence)

FIDELIS의 네 번째인 E는 'Excellence' 곧 '탁월성'입니다.

주님께서는 우리 모든 그리스도인들에게 탁월한 수준의 삶을 유지하기를 원하십니다. 이 탁월성은 다른 무엇보다도 마음의 태도를 더 강조하고 있습니다. 그래서 얼마나 기술이 더 뛰어난지 혹은 얼마나 빈틈없이 일을 성공적으로 마칠 수 있는지 이런 것보다는 먼저 마음의 태도가 '탁월'한 것이 더 중요하다는 것을 기억해야 합니다.

우리 주님께서는 그의 삶을 통해서 모든 영역에 탁월한 삶의 본을 보여 주셨습니다. 마가복음 7:37에서는 예수님께서 사람들의 다양한 필요를 채워 주신 것에 대하여, 사람들이 심히 놀라 말하기를 "그가 다 잘하였도다"라고 칭찬하고 있는 것을 보게 됩니다. 주님께서는 모든 일을 탁월한 수준으로 다 잘하시는 분이라고 사람들이 예수님을 찬양한 것입니다.

우리가 살아갈 때 주위에 있는 모든 사람들로부터 "그 사람은 모든 것을 다 잘하였다. 모든 일을 탁월하게 하는 사람이다"라고 칭찬을 듣는다면 참으로 기쁜 일일 것입니다. 주님께서는 자기 자신이 이와 같이 탁월한 삶의 수준을 유지하셨을 뿐만 아니라 우리에게도 그러한 수준을 원하고 계십니다.

우리 자신이 주님의 제자라고 믿고 있다면 우리는 주님의 제자로서 무엇을 배워야 하겠습니까? 당연히 주님 자신을 배워야 됩니다. 주님 자신을 배울 때 주님의 탁월하심을 또한 배워야 합니다.

특히 다른 그리스도인을 도와 가는 영적 지도자들은 예수님의 탁월하신 본을 꼭 배워야 합니다. 물론 우리는 완전무결한 사람이 될 수는 없습니다. 모든 일에 아무 흠이 없고 빈틈이 없고 꼬집을 것이 없는 완전하신 예수님과 같은 수준이 될 수는 없습니다. 그러나 우리는 주님 앞에서 마음의 태도부터 먼저 탁월한 수준으로 지킬 수는 있는 것입니다.

다니엘 6:3에 다니엘은 마음이 민첩하였다는 내용이 있습니다.

다니엘은 마음이 민첩하여 총리들과 방백들 위에 뛰어나므로 왕이 그를 세워 전국을 다스리게 하고자 한지라.

여기서 '마음이 민첩하다'는 것을 영어 성경에서는 'excellent spirit'으로 번역하고 있습니다. 마음가짐이 탁월하였다는 것입니다. 또 다니엘이 총리들과 방백들 위에 뛰어났다고 했는데 이 뛰어나다는 말도 역시 탁월하다는 뜻입니다. 그래서 왕이 그를 세워 전국을 다스리게 하고자 했습니다. 다니엘이 이와 같이 높은 지도자가 될 수 있었던 것은 그의 마음이 탁월했기 때문입니다. 마음의 태도가 먼저 탁월하므로 그는 자기의 모든 삶을 뛰어난 수준으로 유지할 수 있었습니다.

이처럼 모든 영적 지도자는 자기 자신을 주님 앞에서 마음을 탁월한 수준으로 유지해야 하는 것입니다. 그렇지 못하면 주님 앞에 그가 이끌고 있는 팀을 이런 탁월한 수준으로 이끌어 갈 수 없고 또 그가 돕고 있는 각 개인 한 사람도 탁월한 수준으로 도와줄 수가 없게 됩니다.

다니엘뿐만 아니라 성경에 나오는 다른 많은 일꾼들도 이렇게 탁월한 사람들이었습니다. 느헤미야의 경우에도 그가 처한 환경을 보면 모든 것이 극도로 어렵거나 혹은 불가능한 여건들로 가득 차 있었습니다. 그런 가운데서 예루살렘성을 중건하려고 했지만 실제 그들에게는 훌륭한 기술이 있는 것도 아니고 다른 자원이 갖추어져 있는 것도 아니었습니다. 또한 느헤미야가 정치적인 수완이 놀라운 것도 아니었습니다. 그러나 그는 하나님과 사람 앞에서 마음이 탁월했기 때문에 그 일을 성공적으로 마칠 수 있었습니다.

우리가 느헤미야서를 주의 깊게 공부해 보면 그의 놀라운 믿음을 발견하게 됩니다. 적극적이고 믿음을 동반한 그의 간절한 기도를 배울 수가 있습니다. 또 그의 헌신적인 삶의 본을 배울 수 있습니다. 그는 계획하는 일에서도 누구보다도 앞장서서 열심히 했습니다. 그리고 그는 아주 담대한 사람이었습니다. 그는 하나님을 향한 열심이 참 많은 사람이었으며 또한 하나님 앞에서 죄를 미워하여 어떤 조그마한 죄도 들어오지 못하도록 막는 사람이었습니다. 결단코 죄와 타협하지 않는 사람이었습니다. 또한 자기 욕심에 사로잡히거나 사욕에 빠져 있는 삶을 살지 않았습니다. 이렇게 느헤미야는 그 전체 삶에서 매우 탁월한 수준을 유지하고 있었습니다.

베드로전서 4:11 말씀을 읽어 보겠습니다.

만일 누가 말하려면 하나님의 말씀을 하는 것같이 하고 누가 봉사하려면 하나님의 공급하시는 힘으로 하는 것같이 하라. 이는 범사에 예수 그리스도로 말미암아 하나님이 영광을 받으시게 하려 함이니 그에게 영광과 권능이 세세에 무궁토록 있느니라. 아멘.

이 말씀은 우리가 무슨 말을 할 때든지 봉사를 할 때에든지 항상 탁월한 수준으로 해야 한다는 것을 가르쳐 주고 있습니다. 말도 탁월하게 하고 봉사를 할 때도 탁월하게 할 때 어떤 결과가 나타나는 것을 가르쳐 줍니까? 하나님께서 영광을 받으시게 되는 것입니다.

우리의 봉사의 목적은 하나님께서 영광을 받으시는 것입니다. 우리가 진정으로 탁월한 삶을 살면 그 결과 반드시 하나님께서 영광을 받으시게 됩니다. 우리 그리스도인의 탁월한 수준의 삶이 하나님께서 영광을 받으실 수 있는 조건이 된다면 이것은 우리가 반드시 배우고 훈련하여 이루어야 되는 과제인 것을 믿어야 합니다.

고린도 교인들에게는, 특별히 고린도전서 12장과 14장 등을 읽어 보면, 다른 사람들이 갖추지 못한 많은 은사들이 있었습니다. 또 고린도전서 1장에 보면 그들은 지식이 대단히 많은 사람들이었습니다.

이렇게 받은 은사도 많고 지식도 많았는데도 불구하고 그들이 하나님에게 영광을 돌리지 못하게 된 것은 무엇 때문이었는지 생각해 봅니다. 중요한 원인 중의 하나는 곧 그들의 삶의 수준이 탁월하지 못했기 때문이었습니다.

그러므로 우리는 말을 할 때에도, 봉사를 할 때도, 이 외에 우리의 하는 모든 일에서 그 탁월성을 보여 주어야 합니다. 우리가 흔히 보잘것없는 일로 가볍게 넘겨 버릴 일에서까지도 우리는 뛰어나게 하려고 하는 그런 정성이 필요합니다.

예를 들어 레크리에이션 시간을 가질 때에도 과연 나는 탁월하게 하고 있는지 생각해 보아야 합니다. 설거지를 해도 탁월하게 하고, 또한 지도자에게 어떤 리포트를 할 때도 대충 끄적거려서 적당히 제출하는 것이 아니라 그런 일도 뛰어나게 잘하려는 탁월한 마음을 늘 유지해야 합니다. 노트 정리를 하는 것도 글씨를 잘 쓰고 못 쓰고의 문제가 아니라 자기 수준에서 최

선을 다하여 하고, 배우는 일에 있어서, 훈련받는 일에서, 교제를 하는 일에 있어서, 나의 모든 기본 생활(Basic Life)에 있어서 뛰어나게 하려고 하는 탁월한 태도가 있는 사람이 바로 진정한 영적 지도자가 되고 성공적인 삶을 살며 그 결과로 하나님께서 영광을 받으시게 되는 것입니다.

누가복음 16:10을 읽어 보겠습니다.

지극히 작은 것에 충성된 자는 큰 것에도 충성되고 지극히 작은 것에 불의한 자는 큰 것에도 불의하니라.

여기서 지극히 작은 것이란 시시하고 아무것도 아닌 것같이 여겨지는 일입니다. 그런데 그런 지극히 작은 일에도 충성스럽고 탁월하게 하려고 하는 사람은 결국 크고 중요한 일도 충성스럽고 탁월하게 잘하게 된다는 말씀입니다.

예전에 타자기를 사용하던 시절에 네비게이토 국제 본부에서 사무를 담당하던 직원들은 한 자라도 오타가 생기면 처음부터 다시 타이핑하는 것으로 훈련하기도 했다고 합니다. 왜냐하면 탁월성을 유지하기 위해서였습니다. '오타 난 것 한 자 정도 지우고 그 위에 다시 치면 되지 왜 그렇게 까다롭게…' 하며 우리는 편리 위주로 생각합니다. 그러나 주님 앞에서 탁월하고자 하는 마음이 있다면, 그것을 정말 배우고자 한다면, 처음부터 다시 치는 값을 치를 만한 것입니다.

우리 대부분은 모두가 좋아하는 일이나 관심 있는 일 또 누구나 원하는 일은 그래도 탁월하게 하기를 원합니다. 그러나 하찮은 일, 인기 없는 일, 잘 알려지지 않는 일, 하기 싫은 일, 또 이해가 잘 가지 않는 일 등등의 일을 맡았을 때에도 우리는 그 일을 하나님 앞에서 탁월하게 하려고 하는지요? 시시하게 보이는 일들은 대개 무관심하게 지나치거나 회피하기 쉬운데 그런 아무것도 아닌 사소한 일들도 탁월하게 하는 비결이 골로새서 3:17에 있다고 생각합니다.

또 무엇을 하든지 말에나 일에나 다 주 예수의 이름으로 하고 그를 힘입어 하나님 아버지께 감사하라.

첫째는, 그리스도의 이름으로 하는 것입니다.

그렇게 할 때에 무엇이든지 탁월하게 하려고 시도하게 됩니다. 예를 들면, 함께 찬양 시간을 가질 때 가끔 무대에 나와서 율동을 하기도 하는데, 그럴 때 보면 다른 사람들은 열심히 신나게 율동을 하는데 혼자 몸을 잘 움직이지 않는 사람이 있습니다. 그런 사람의 얼굴을 보면 굉장히 계면쩍어하는 것을 보게 됩니다. 그런 때는 율동을 열심히 하고 있는 그 사람들이 이상하거나 부끄러운 게 아니라 계면쩍어하는 그 사람이 더 이상하게 보이는 것입니다. 그것이 더 부끄러운 것입니다. 그것은 탁월하게 하고자 하는 마음으로 하지 않기 때문입니다. 그러나 그런 것을 할 때도 그리스도의 이름으로 하면 담대하고 적극적으로 하여 결국 탁월한 수준으로 하게 됩니다.

둘째는, 그리스도를 힘입어서 하는 것입니다.

자기 생각이나 자기의 재능을 의뢰해서 하면 자기 냄새가 나게 됩니다. 사람 냄새가 나면 아름답지 못하게 됩니다. 그러나 그리스도의 힘을 의지하여 하다 보면 그 사람의 삶의 결과는 탁월성을 유지하게 됩니다. 그리고 그 결과로 하나님께 감사하고 하나님께 영광을 돌리게 됩니다. 우리가 그리스도를 힘입어 탁월한 삶을 살면 그것에 대해서 감사하게 되며 다음 단계에서도 탁월성을 유지하는 동력을 얻게 됩니다. 그렇지 않으면 어떤 순간에는 탁월성을 나타내지만 그다음 단계에는 실패하는 경우가 많이 생깁니다.

이 골로새서 3:17 말씀과 같이 "무엇을 하든지 말에나 일에나 다 주 예수의 이름으로 하고 그를 힘입어 하나님 아버지께 감사"하며 사는 사람 중에는 적당주의로 사는 사람이 하나도 없습니다. 그럭저럭 사는 사람이 없습니다. 사람들이 왜 적극적으로 살지 않고 그럭저럭 살고 적당하게 그냥 지나치기를 원하느냐 하면 그리스도의 이름으로 하지 않고 또 그리스도를 힘입어서 하지 않아 결과적으로 하나님께 감사를 돌리는 삶을 살지 않고 있기 때문입니다.

5
사랑 (Love)

FIDELIS의 다섯 번째인 L은 'Love' 곧 '사랑'입니다.

사랑에 대해서라면 이에 대한 정의를 내리고 또 그에 대해서 설교를 하라고 해도 매우 잘하시는 분들이 많이 있으리라 믿습니다. 그만큼 사랑은 우리에게 무엇보다도 보편적으로 필요하기 때문에 우리가 열심히 배우고 가르치고 있고 또 열심히 토의도 하며 실천하고자 애쓰고 있는 주제입니다.

사랑이라는 그 제목만큼 많이 이야기하고 강조하고 있고 노래 부르고 있고 그 중요성을 주장하고 있는 것이 또 있을까 하는 생각이 듭니다. 수많은 철학자들이, 시인들이, 가수들이나 성악가들과 거리의 악사들까지도, 또한 기타 모든 종교 지도자들도 이 사랑을 논하고 강조하고 있습니다.

그래서 주님께서 맡겨 주신 팀을 이끌어 나가는 영적 지도자에게 있어서도 반드시 갖추어야 될 것이 사랑의 인격이라고 믿습니다.

진정한 사랑이란 상대방에게 자신을 완전히 헌신하는 것입니다. 나의 관심, 나의 감정, 나의 재물, 내 시간, 내 재능 등, 하여튼 내가 할 수 있고 가지고 있는 모든 것을 그 상대방에게 헌신하는 것, 아낌없이 완전히 드리는 것이 사랑이라고 믿습니다.

사무엘상 18:1-4을 읽어 보겠습니다.

다윗이 사울에게 말하기를 마치매 요나단의 마음이 다윗의 마음과 연락되어 요나단이 그를 자기 생명같이 사랑하니라. 그날에 사울은 다윗을 머무르게 하고 그 아비의 집으로 다시 돌아가기를 허락지 아니하였고 요나단은 다윗을 자기 생명같이 사랑하여 더불어 언약을 맺었으며 요나단이 자기의 입었던 겉옷을 벗어 다윗에게 주었고 그 군복과 칼과 활과 띠도 그리하였더라.

여기에 보이는 다윗과 요나단의 관계를 생각해 보면 그들의 관계는 정말로 서로 헌신된 사랑의 관계인 것을 알게 됩니다. 요나단은 다윗에 대해서 그를 자기 생명같이 사랑했습니다.

오늘날은 많은 사람들이 심지어 자기의 자녀에 대해서까지 또는 자기의 아내에 대해서까지도 자기 생명처럼 사랑하지는 않고 정말로 헌신하지 않는 이기적인 그런 사람들이 점점 많아지는 것 같습니다.

그런데 여기에 다윗과 요나단의 관계는 서로가 진실로 헌신된 사랑을 유지하고 있습니다. 요나단은 자기 생명같이 다윗을 사랑했고 그리하여 언약을 맺었으며 또한 군인으로서 가장 중요한 군복과 겉옷 및 칼, 활, 띠 이런 모든 소중한 것을 그에게 선물로 주었습니다.

이렇게 헌신된 사랑은 그저 입에서 나오는 달콤한 말로 상대방의 귀를 즐겁게 해 주는 것으로만 끝나는 것이 아니라 마음과 감정, 소유물 등 모든 것을 상대방에게 헌신하는 삶으로 이어지게 됩니다.

그러면 이 헌신된 사랑에 나타나야 할 요소들은 무엇이겠습니까? 과연 내가 어떤 사람에 대해서 정말로 헌신했다면, 그런 사랑을 가졌다면, 어떠한 요소들이 나타나야 하는지 생각해 보겠습니다.

첫째, 헌신된 사랑에는 충성됨(loyalty)이 있습니다.

사무엘하 15:19-21을 통해 가드 사람 잇대의 충성됨을 볼 수 있습니다. 그는 다윗이 압살롬의 반란 때문에 피난 생활을 하고 정처 없이 방황하고 있을 때에 그에게 "무론 사생하고 종도 그곳에 있겠나이다" 하는 충성을 보여 주었습니다.

그때에 왕이 가드 사람 잇대에게 이르되 "어찌하여 너도 우리와 함께 가느냐? 너는 쫓겨난 나그네니 돌아가서 왕과 함께 네 곳에 있으라. 너는 어제 왔고 나는 정처 없이 가니 오늘 날 어찌 너로 우리와 함께 유리하게 하리요? 너도 돌아가고 네 동포들도 데려가라. 은혜와 진리가 너와 함께 있기를 원하노라." 잇대가 왕께 대답하여 가로되 "여호와의 사심과 우리 주 왕의 시심으로 맹세하옵나니 진실로 내 주 왕께서 어느 곳에 계시든지 무론 사생하고 종도 그곳에 있겠나이다."

잇대는 다윗에게 완전히 유용한(available) 사람이 되기를 원했고 다윗을 위해 완전히 자기를 헌신한 사람이었습니다. 사람은 누군가가 형통하고 성공적이고 문제가 없고 권세가 있을 때에는 그런 사람을 기꺼이 따라다니지만 그가 모든 것을 잃어버린 처지에 있는데 그 사람을 따라가는 것은 참으로 어려운 일입니다. 그 사람을 여전히 사랑할 수는 있고 그 사람을 여전히 배척하지는 않고 그 사람을 여전히 동정할 수는 있지만 그와 함께 생애를 끝까지 같이한다고 하는 것은 헌신된 사랑이 아니고는 할 수가 없는 것입니다.

어려움에 처한 사람을 위해 자기가 가지고 있는 재산의 일부를 그에게 주면서 도와주는 사랑은 베풀 수가 있습니다. 또한 다른 사람이 그를 비난하고 욕할 때에 그렇지 않다고 여러 가지로 그를 위해 변명해 주는 정도의 사랑은 베풀 수도 있습니다. 물론 이런 사랑도 쉽지는 않습니다.

그러나 이 가드 사람 잇대는 다윗에 대해서 그런 정도의 충성이나 사랑이 아니라 '무론 사생하고' 즉 자기가 죽든지 살든지 그와 함께 있고 그의 편에 서기를 원하는 충성심이 있었습니다. 이런 충성심이 있는 것이 바로 헌신된 사랑입니다.

사무엘하 11:11을 보겠습니다.

우리아가 다윗에게 고하되 "언약궤와 이스라엘과 유다가 영채 가운데 유하고 내 주 요압과 내 왕의 신복들이 바깥 들에 유진하였거늘 내가 어찌 내 집으로 가서 먹고 마시고 내 처와 같이 자리이까? 내가 이 일을 행치 아니하기로 왕의 사심과 왕의 혼의 사심을 가리켜 맹세하나이다."

지금 다윗에게 배신을 당하고 그의 아내가 죄 가운데 빠져 있는 상태였지만, 우리아는 다윗에 대해서 충성하고 민족과 국가에 대해서 충성하고 또한 그의 직속상관인 요압 장군에 대해서도 충성을 다했습니다. 그렇기 때문에 다윗이 그에게 "지금 집에 가서 편히 쉬라" 하고 말할 때에 그는 "제가 지금 우리 모든 백성들이 들에 나가서 전쟁 중에 있고 이슬을 맞으면서 자고 있는데 어떻게 집에 들어가서 편히 두 다리를 뻗고 잘 수 있겠습니까?"라고 대답했습니다. 이러한 충성심을 보여 준 것은 어떤 감정이나 말로 된 사랑이 아니라 정말로 자기 자신의 모든 것을 헌신하는 사랑이 있기 때문이었습니다.

디모데후서 1:15-16을 보겠습니다.

아시아에 있는 모든 사람이 나를 버린 이 일을 네가 아나니 그중에 부겔로와 허모게네가 있느니라. 원컨대 주께서 오네시보로의 집에 긍휼을 베푸시옵소서. 저가 나를 자주 유쾌케 하고 나의 사슬에 매인 것을 부끄러워 아니하여.

여기에 사도 바울은 두 가지 부류의 사람들에 대해 언급하고 있습니다. 한 부류는 자기를 배신하여 버리고 달아난 사람들이고, 다른 한편은 자기가 지금 어려운 환경 가운데 있고 죄수처럼 사슬에 매여서 부끄러움을 당하고 있는 상태였지만 그런 것을 개의치 아니하고 자주 그를 찾아와서 마음을 유쾌하게 해 주는 사람이었습니다. 지금 앞에 언급한 부겔로와 허모게네 같은 사람을 생각할 때는 마음이 답답하고 괴로웠지만, 다른 한편으로는 오네시보로를 생각할 때는 눈물이 날 만큼 감사하고 감격하게 되었습니다. 그래서 바울은 편지를 써 내려가다가 갑자기 하나님께 기도문을 쓰게 되었습니다. 오네시보로를 생각하다가 하나님께 기도를 한 것입니다. "주님, 오네시보로의 집에 긍휼을 베푸시옵소서! 그를 축복하여 주시옵소서! 그에게 은혜를 주시옵소서!" 바울은 감격한 기도문을 여기에 쓰고 있는 것을 봅니다. 오네시보로의 삶의 어떤 것이 바울에게 이러한 감격을 주었습니까? 그것은 바울에 대한 그의 충성, 즉 헌신적인 사랑 때문이었습니다.

우리가 팀웍을 하면서 충성됨을 그 팀에 보여 주지 않는 것,

사랑 (Love)

즉 자기를 따르는 사람(Follower)에게나 또 지도자에게나, 주님께 이러한 충성심을 보여 주지 않는 것은 여전히 그의 사랑은 아직 헌신된 사랑이 아닌 것을 드러내는 것입니다.

우리 모두가 다 사랑의 감정이 있고 또 실제 사랑하고 있다고 믿습니다. 그 사랑을 부인할 수 없습니다. 사랑을 받고 있었고, 또 사랑을 주고 있었고, 이런 상태에 살고는 있지만, 그 사랑이 과연 '헌신된 사랑'의 수준인지를 돌아봐야 하겠습니다. 그러한 헌신된 수준의 사랑의 첫째 요소가 충성(loyalty)이라는 점을 말씀드렸습니다.

둘째, 헌신된 사랑은 자기의 최선의 것을 줍니다.

두 번째로 좋은 것이 아니라 가장 좋은 것, 최고의 것을 주려고 하는 삶을 사는 사람은 바로 그 상대에 대해서 헌신하고 있는 것입니다. 자기가 할 수 있는 것, 가지고 있는 것, 알고 있는 것 등등 모든 것 중에서 아주 일부분만 혹은 부차적인 것을 주는 것은 헌신된 참사랑에는 부족한 상태인 것입니다.

우리가 팀웍을 하면서 보면 종종 어떤 제한된 선(線) 즉 경계선을 그어 놓고 그 한도 내에서만 생활하는 사람이 있습니다. 그 선이 눈에 보이는 건 아니지만, 어떻게 말로 표현하기도 애매하지만, 적극적으로 깊이 참여하지도 않고 그렇다고 떨어져 나가지도 않고 자기만의 적당한 선을 그어 놓고 그 한도 내에서 자기 나름대로 아주 지혜롭게 살아가는 것입니다. 이것은 자기의 최선의 것을 주는 삶이 아닙니다.

이러한 선은 때때로 우리에게 많은 혼란을 야기하고 사랑에도 문제를 가져오곤 하는 것을 봅니다. 어떤 철학자는 이 선이 사랑에 있어서 가장 무서운 혼동을 일으킨다고 말했습니다. 예를 들면, 선 저쪽에 있는 사람을 총으로 쏘아 죽게 하면 그건 영웅적인 행위가 됩니다. 그러나 선 이쪽에 있는 사람을 쏘아서 죽게 되면 그때는 살인자가 되어 그에 따른 형벌을 받게 됩니다. 그래서 사실상 똑같은 행위인데 이 선이라고 하는 것 때문에 사랑에 관하여도 혼동과 문제를 일으키는 것입니다. 우리가 팀 안에서도 자신만의 어떤 선을 적당히 그어 놓고 그 제한된 한도 내에서 행동하게 되면 그 선이 평가 기준이 되어 버립니다.

하나님의 기준으로 평가를 하는 것이 아니라 자기가 정한 선을 기준으로 하여 평가하기 때문에 오류에 빠지게 됩니다. 그 결과 어떤 때는 분명히 잘못된 일이지만 아무런 양심의 가책을 받지 않기도 하고 반대로 문제가 되지 않는데도 혼자 쓸데없는 고

민을 하기도 합니다. 그러므로 우리는 자기만의 인위적인 선을 그어 놓지 않고 자기의 최선을 주려고 하는 사랑의 마음으로 살아야 합니다. 이것이 헌신된 사랑의 증거가 되는 것입니다.

내가 너희 영혼을 위하여 크게 기뻐함으로 재물을 허비하고 또 내 자신까지 허비하리니 너희를 더욱 사랑할수록 나는 덜 사랑을 받겠느냐? (고린도후서 12:15)

이 말씀에서 바울은 고린도 교회 성도들을 위하여 두 가지를 허비한다고 했습니다. 우선 자기의 재물을 허비했습니다. 적당히 주는 정도가 아니라 허비한다고 했습니다. 주는 것과 허비하는 것은 큰 차이가 있다고 생각됩니다. 허비한다는 것은 계산 없이 쓰고 조건 없이 쓰고 아낌없이 쓰는 것입니다. 바울은 자기가 가지고 있는 모든 것을 아낌없이 다른 사람을 위해 허비하는 삶을 살았습니다.

또 바울은 자기 자신까지 허비한다고 하였습니다. 허비는 뒷생각하지 않고 쓰는 것으로 우리 각자가 자신의 지도자(Leader)나 팔로워(Follower) 혹은 팀의 다른 사람들을 위해서 자기 재물과 시간과 자기 자신을 허비하는 것은 하나님 앞에 크게 칭찬받을 일이며 그것이 바로 헌신된 사랑입니다.

셋째, 헌신적 사랑에는 신뢰가 있어야 합니다.

신뢰하는 마음이 바로 헌신된 사랑의 기본입니다. 요한복음 10:14-15을 보겠습니다.

나는 선한 목자라. 내가 내 양을 알고 양도 나를 아는 것이 아버지께서 나를 아시고 내가 아버지를 아는 것 같으니 나는 양을 위하여 목숨을 버리노라.

이 말씀에서 양과 예수님은 서로 잘 안다고 하였습니다. 여기에 단순하게 표현되어 있는 이 안다는 말은 다르게 표현하면 완전히 신뢰할 수 있는 관계에 있다는 의미입니다. 그것은 마치 우리 주님과 아버지 하나님께서 서로 잘 알고 있는 것과 같은 관계 즉 서로 완전히 신뢰하는 그런 수준의 관계라는 것입니다.

환난 날에 진실치 못한 자를 의뢰하는 의뢰는 부러진 이와 위골된 발 같으니라. (잠언 25:19)

환난 날 곧 큰 어려움을 당할 때 신뢰할 수 없는 사람을 의지하는 것은 부러진 이와 위골된 발을 의지하는 것과 같다고 했습니다. 우리는 때때로 신뢰하지 못하는 팀 멤버로 말미암아 뼈가 부러진 것과 같이 아프고 무기력할 때가 있었을 것입니다. 또 내 자신이 혹 다른 사람에게 신뢰감을 주지 못하는 삶을 살아서 다른 사람을 아프게 한 적도 있었을 수 있습니다.

지도자와 그를 따르며 배우는 팔로워의 관계에 있어서 서로가 신뢰하게 되는 것은 양쪽에 다 책임이 있습니다. 지도자가 팔로워와 신뢰할 수 있는 관계를 유지하기 위해서는 여러 가지가 필요하겠지만 특별히 지도자는 희생하는 삶을 살아야 합니다. 바울이 자기의 재물과 자기 자신을 허비한 것과 같이 지도자는 자기를 '희생하는 삶'을 살아야 하며 그것을 보여 주어야 합니다.

또한 지도자는 '다른 사람들을 잘 용납'해야 합니다. 다른 사람의 약점과 부족함을 있는 그대로 받아 주는 것이 있을 때에 서로 신뢰감을 갖게 됩니다. 우리는 다 부족한 점이 많이 있습니다.

인간관계에서 갈등을 유발하는 것은 대개 이 두 가지 곧 '자기 자신을 희생하는 것'과 '다른 사람을 잘 용납해 주는 것'을 잘 못하고 있기 때문에 그렇다고 생각됩니다. 그렇기 때문에 우리는 이 점에 대하여 자신의 부족함을 인정하고 배우려고 하는 태도를 가져야 하겠습니다. 그래서 지도자 자신이 먼저 자신을 희생하는 삶을 살고 또 다른 사람을 좀 더 잘 이해하고 용납해 주는 지도자가 되게 해 달라고 주님을 의뢰하며 간절히 기도해야 하겠습니다.

따르며 배우는 위치에 있는 팔로워로서도 자기의 지도자인 영적 리더에게 진실함으로 순종하는 충성된 사람이 되어야겠다는 적극적인 마음가짐이 있어야 하겠습니다. 그렇게 할 때 리더는 그 팔로워에 대해 신뢰감을 가지게 됩니다.

불평이나 원망하는 말이나 태도 또는 자기 때문에 무슨 일이 잘된 것처럼 자기를 과시해 보려고 하는 것보다 배우게 된 것에 대해 감사함을 나타내는 것이 오히려 신뢰감을 받게 합니다. 감사의 표시는 리더에게 용기를 주고 신뢰감을 줍니다. 섬겨 준 것이 무엇인지를 기억해 주고 감사하는 것은 신뢰감을 주는 데 큰 역할을 합니다. 하나님은 사람의 속을 보시기 때문에 표현하지 않아도 다 아시지만 사람은 표현이 없으면 미처 이해하기가 어렵습니다. 사람은 다른 사람의 그 중심 속마음을 꿰뚫어 볼 수 있는 눈이 없기 때문입니다. 그러나 그렇다고 과장해서 표현하거나 마음에 없는 것을 감사한 것처럼 표시하라는 것은 아닙니다. 실제로 감사한 마음을 잘 표현할 때 그것이 신뢰감을 키워 주는 아주 중요한 요소가 됩니다.

고린도후서 7:16에, "내가 너희를 인하여 범사에 담대한 고로 기뻐하노라"라고 했는데, 이 구절을 영어 성경에 찾아보면, "Therefore I rejoice that I have confidence in you in everything"라고 되어 있습니다. 즉 '너희를 인하여 담대한 고로'가 '여러분을 신뢰하는 고로'라는 의미인 것을 알 수 있습니다.

내가 지도자로서 그 사람을 신뢰하고 있으면 그를 가르치는 일에도 담대해질 수 있고 그 결과 기뻐하게 되는 것입니다. 그런데 이런 신뢰를 하지 못하는 팔로워에 대해서는 항상 조심스러워 충분히 도울 것을 다 도와주지 못하게 됩니다. 처음에 이야기한 대로 서로 헌신하지 못하고 있기 때문입니다.

팀의 리더와 팔로워의 관계가 서로 철저하게 헌신되어 있으면, 즉 진실로 서로를 위해서 희생을 자처하고 서로를 잘 용납하는 상태가 되면 서로 신뢰함 가운데 가르치고 배우는 일이 더욱 잘 진행되어 가게 됩니다.

배우는 팔로워의 입장에서도 혹 자기의 리더가 자신을 가르치는 일에서 매우 조심스러워하는 것을 고마워하지만 말고 나에게 담대하게 말해 줄 수 있도록 신뢰받는 팔로워의 태도로 자신을 변화시켜 나가야 하겠습니다.

또 팀웍에서 서로를 신뢰하기 위해서는 일과 활동에만 헌신하기에 앞서 먼저 사람에게 헌신해야 합니다.

팀웍하면서 관찰해 보면 일만 열심히 하면 다 되는 줄 아는 사람이 종종 있습니다. 맡긴 일은 철저하게 잘합니다. 그렇지만 사람에게 헌신한 것이 아니라 일에만 헌신한 상태인 사람은 일이 없으면 좌절하는 것을 봅니다. 일을 안 맡기면 허둥지둥 하는 것입니다. 또 그런 사람은 자기가 한 일에 대하여 칭찬이 없으면 불평이 생깁니다. 또 자기가 성공한 일에 대하여는 굉장히 과시하고 싶어 하고 교만해지기 쉽습니다. 그러나 사람에게 헌신한 사람은 자기 일이 어떻게 되었든지 혹시 그 일의 결과가 만족할 만한 수준이 못되더라도 그것에 대해 불평이나 원망 등의 마음의 문제가 없고 여전히 서로 신뢰감 가운데서 사랑할 수 있게 됩니다.

우리는 영적 리더로서 자라 갈수록 이러한 헌신된 관계의 중요성을 잘 배워야 합니다. 관계에 있어서 각자 자신에게 문제가 된 것이 무엇인가를 면밀히 살펴보시기를 바랍니다. 여러 가지 요인들이 있겠지만 그중에 가장 큰 문제는 바로 헌신하지 못하기 때문에 생기는 것이라고 생각됩니다. 완전히 서로 신뢰하는 관계는 인간적 감정이나 한두 번의 눈가림의 행위로는 절대로 되지 않습니다. 정말로 주님 앞에서 그 사람에 대해서 헌신하는 사랑이 있어야 되는 것입니다.

과연 나는 현재 리더에게 신뢰를 받고 있는가?
나는 나의 팔로워들을 신뢰하고 있는가?
그러면 문제가 된 것은 무엇인가?

이런 것을 잘 돌아보고 기도하는 가운데 해결할 수 있기를 바랍니다.

자기를 지도하는 리더와 또는 자기가 도와주고 있는 팔로워와 서로 허심탄회한 교제를 하며 그런 문제를 넉넉히 해결할 수 있기를 바랍니다. 또한 하나님께서 우리 모두의 필요를 잘 도와주실 것을 믿고 기도합시다.

6
정직[청렴성] (Integrity)

　FIDELIS의 여섯 번째인 I는 'Integrity' 즉 '정직' 혹은 '청렴성'입니다. 이것은 마음이 맑고 깨끗하며 검소해 욕심이 없는 성품과 행위를 가리키는 것입니다.

　이 말의 원어는 '햇볕에서 검사를 받는다'는 의미가 있고 이에 관해서 다음과 같은 이야기가 전해져 온다고 합니다. 옛날에 돈이 많은 사람들은 자기 집이나 사무실에 자기의 흉상 즉 자기 상체의 모습을 조각해 가지고 놓아두기를 즐겨하였고 그런 것이 오늘날까지도 많이 남아 있다고 합니다. 그래서 그런 조각 작품을 만들기 위해서 당대의 유명한 조각가에게 찾아가 작품 의뢰를 합니다. 그렇게 주문하면 조각가는 그 사람의 흉상을 열심히 조각합니다.

그런데 작업을 하다 보면 어떻게 조각칼이 잘못 나가서 코끝이 약간 떨어져 나가거나 귀 끝이 좀 떨어져 나가든지 합니다. 그러면 처음부터 다시 만드는 것이 대단히 힘들고 귀찮은 것입니다. 그래서 쉽게 해결하는 방법으로 그 떨어져 나간 부분을 다른 물질로 땜질하여 원래처럼 메우고 그 위에 주변과 똑같이 보이게 적당히 색을 칠해 놓습니다. 그러면 별로 표시가 안 나게 됩니다.

그러나 조각에 조예가 깊은 사람은 그것을 시험하기를 원합니다. 한번 흘깃 보고, "아, 멋있네요. 감사합니다!" 하고 바로 돈 지불하고 집에다 갖다 놓는 게 아니라 그것을 먼저 태양 볕에 가져다 놓습니다. 햇볕이 쨍쨍 내리쬐는 곳에 놓아두면 땜질한 물질이 서서히 녹아서 코 떨어진 데가 표시가 나고 귀 끝에 때운 표시가 드러나게 된다고 합니다. 그래서 쓱싹 얼버무린 작품, 정직하지 못한 작품은 햇볕 아래서는 결국 표시가 나게 됩니다. 이처럼 태양 볕에서 검사를 한다는 의미가 담긴 말이 이 정직[청렴성]입니다.

골동품 도자기 같은 것들은 세월이 지나다 보면 깨지는 수가 있는데, 그렇게 깨진 것은 수리를 하기도 합니다. 그래서 깨진 부분을 정교하게 메워 놓으면 겉으로 볼 때 아무 표시도 나지 않을 수 있습니다. 그러나 전문가들은 그것을 가려낸다고 합니다.

여호수아 24:14을 보겠습니다.

그러므로 이제는 여호와를 경외하며 성실과 진정으로 그를 섬길 것이라. 너희의 열조가 강 저편과 애굽에서 섬기던 신들을 제하여 버리고 여호와만 섬기라.

여호와를 경외하며 성실과 진정으로 섬기라고 하였습니다. 진정으로 섬기라는 것은 정직하게 섬기라는 말입니다. 그래서 주님을 섬기되 정직하게 섬겨야 하는데 영적 지도자의 마음에 부정직한 것이 남아 있으면 팀을 하나님께서 원하시는 수준으로 이끌어 갈 수 없습니다.

오래가다 보면 결국은 포기하고 말게 되는 것입니다. 왜냐하면 부정직한 사람은 앞을 올바로 내다볼 수 없으며 이렇게 앞을 전망하지 못하고 예견치 못하기 때문에 그런 사람은 결국 지도자가 될 수 없게 되는 것입니다. 그런 사람이 누군가를 인도하면 둘 다 수렁에 빠지게 됩니다.

마태복음 5:8에서도, "마음이 청결한 자는 복이 있나니 저희가 하나님을 볼 것임이요"라고 하였습니다. 그렇습니다. 마음이 청결하고 정직한 사람은 먼저 하나님을 볼 수 있게 되기 때문에 하나님의 인도하심을 받아 하나님의 시야로 앞을 내다볼 수 있게 되고 하나님의 뜻에 맞게 다른 사람을 지도해 나갈 수 있게 되는 것입니다.

마음이 정직하지 못하여 하나님 중심이 아닌 사람은 영적 시야가 없기 때문에 미래를 내다보지 못하여 결국 다른 사람을 이끌어 갈 수 없게 됩니다.

정직에는 세 가지 중요한 영역이 있다고 생각됩니다.

첫째, 우리의 삶이 정직해야 됩니다.

우리가 세상에서 특별히 너희에게 대하여 하나님의 거룩함과 진실함으로써 하되 육체의 지혜로 하지 아니하고 하나님의 은혜로 행함은 우리 양심의 증거하는 바니 이것이 우리의 자랑이라. (고린도후서 1:12)

이 말씀에서 하나님의 거룩함과 진실함으로 한다고 했는데 이것은 한마디로 정직하게 하였다는 것입니다. 육체의 지혜로 하지 않았다고 했는데 그렇게 한 이유는 육체 즉 인간의 본성에는 부정직한 것이 많기 때문입니다. 인간의 지능과 지혜는 부정직한 잔꾀를 많이 냅니다. 인간은 그때그때 순간적으로 생기는 자기 재치에 의해서 일을 처리하곤 하는데 그런 인간의 지혜는 부정직한 것을 많이 만들어 냅니다. 그러나 하나님의 거룩함과 진실함으로 할 때는 그런 실수가 없는 삶을 살게 됩니다. 양심에 거리낌이 없이 하나님의 은혜로 행한 것이 자랑이라고 하였습니다. 즉 정직하게 사는 것이 사도 바울과 그의 팀의 자랑이라고 한 것입니다.

이것은 굉장히 놀라운 수준입니다. 우리들 중에서, "나도 사도 바울처럼 이렇게 정직하게 살았습니다. 이것이 나의 자랑입니다!"라고 담대하게 말할 수 있다면 얼마나 행복하겠습니까! 사도 바울은 정말 놀라운 삶을 살았습니다. 정말 자랑할 만하였습니다.

바울은 세상과 또 특별히 트집을 잘 잡는 고린도 교회 교인들 앞에서나 또 믿지 않는 사람들뿐만 아니라 믿는 사람들 앞에서도 정직하였다고 했습니다. 그러므로 그는 다른 사람을 꾸짖을 때도 담대하게 꾸짖을 수 있었습니다. 다른 사람을 가르칠 때도 담대하게 가르칠 수 있는 용기가 마음에서 생길 수 있었습니다. 정직하지 못하면 그 분야에 대해서는 가르칠 용기가 나기 어렵습니다.

둘째, 말에서 정직해야 합니다.

너희가 서로 거짓말을 말라. 옛사람과 그 행위를 벗어 버리고. (골로새서 3:9)

이 구절 앞부분에 "너희가 서로 거짓말을 말라"라고 말씀합니다. 거짓말, 또는 과장, 묵인, 선의의 거짓말 이런 것들은 팀웍의 활기를 저해합니다. 사탄에게 기회를 주게 됩니다. 우리는 자기 기분이나 분위기에 따라서 꾸며서 말하지 않아야 합니다. 항상 사실을 있는 그대로 말할 줄 알아야 합니다. 팀을 이끄는 지도자는 이것이 잘 훈련되어야 합니다. 이 훈련이 잘 안 된 지도자는 계속 다른 사람을 영적으로 잘 지도해 나갈 수가 없게 되는 것입니다.

에베소서 4:15을 보겠습니다.

오직 사랑 안에서 참된 것을 하여 범사에 그에게까지 자랄지라. 그는 머리니 곧 그리스도라.

정직한 말이란 구체적으로 사랑과 진리가 동반하는 말이라고 할 수 있습니다. 여기서 "사랑 안에서 참된 것을 하여"(speaking the truth in love)는 '사랑 안에서 참된 것을 말한다'는 의미입니다. 진리를 말하되 특별히 사랑 안에서 말하라는 말씀입니다. 사랑은 정직과 아주 긴밀한 연관이 있습니다. 사랑하지 않을 때는 다른 사람을 속여도 아무 양심의 가책을 느끼지 않습니다. 정말 상대방을 사랑하면 정직하지 않을 때 양심의 가책을 느낍니다.

셋째, 사역에서 정직해야 됩니다.

사역의 기본 동기가 정직하지 못한 사람들이 있는데 그런 예를 성경에서도 찾아볼 수 있습니다.

빌립보서 1:15에, "어떤 이들은 투기와 분쟁으로, 어떤 이들은 착한 뜻으로 그리스도를 전파하나니"라고 하였는데, 여기에 투기와 분쟁으로 그리스도를 전파하는 사람들이 있었습니다. 또 그 뒤에 17절에 보면 그들은 순전치 못한 마음으로 바울을 괴롭히려는 동기로 사역에 열심을 내고 있다고 하였습니다. 이들은 사도 바울에 대한 경쟁심 내지 질투심으로 그의 마음을 괴롭게 하려는 동기로 사역을 열심히 했습니다.

또 베드로전서 5:2에 의하면 부득이함 때문에 억지로 할 수 없이 사역을 하는 사람들도 있고, 또 디모데전서 3:8, 디도서 1:7, 베드로전서 5:2 등의 말씀에는 더러운 이익을 얻는 것이 동기가 되어 주님을 섬기는 사람도 있었습니다. 이러한 것은 모두 부정직한 사역입니다.

또 이런 성경 속의 경우들 외에 오늘날에도 그런 사람들이 있습니다. 그런데 실제 우리 중에서도 명예심 때문에, 경쟁심 때문에, 시기심 때문에, 자기의 이익을 위해서, 부득이함으로, 체면 때문에 하고 있는 것은 없는지 살펴보고 철저하게 부정직한 요소들과 동기들을 고쳐 나가야 하겠습니다.

에베소서 4:1 말씀은 우리에게 "부르심을 입은 부름에 합당하게 행하여"라고 권면하고 있습니다. 다른 말로 하면 우리는 부르심(calling)에 의해서 살아야 한다는 말씀입니다. 하나님이 나를 부르셨기 때문에 사역을 하는 것입니다. 하나님이 부르셔서 하라고 하신 일을 하면 문제가 일어날 것이 없습니다. 물론 사소한 문제는 그 사역에서 생길 수 있지만 근본적인 문제가 생기지는 않는 것입니다. 부르심이 있기 때문에 그것이 동기가 되어서 주님을 섬기고 있기 때문에 그렇습니다.

바울은 사도행전 24:16에 "이것을 인하여 나도 하나님과 사람을 대하여 항상 양심에 거리낌이 없기를 힘쓰노라"라고 하였습니다. 그런데 여기 "이것을 인하여"라고 한 것에서 이것이 무엇인지 아십니까? 그것은 바로 앞 구절에서 언급한 바 우리의 소망 곧 예수님의 다시 오심과 그때 일어날 부활, 그리고 예수님이 전하라고 하신 진리의 말씀 등을 가리킵니다. 바울은 이런 것으로 인하여 하나님 앞에서나 사람 앞에서나 양심에 거리낌이 없도록 힘쓴다고 한 것입니다. 그러므로 우리도 사역할 때에 아무런 양심의 거리낌이 없는 정직한 동기로 해야 합니다. 우리들은 왜 다른 그리스도인들을 이끌어 가는 영적 지도자가 되었습니까? 또 그 사역을 지금 어떤 동기로 하고 있습니까? 이런 면에서도 자기를 살펴보는 기회를 가지시기 바랍니다.

> 그는 정직한 자를 위하여 완전한 지혜를 예비하시며 행실이 온전한 자에게 방패가 되시나니. (잠언 2:7)

> 여호와 하나님은 해요 방패시라. 여호와께서 은혜와 영화를 주시며 정직히 행하는 자에게 좋은 것을 아끼지 아니하실 것임이니이다. (시편 84:11)

7
희생 (Sacrifice)

FIDELIS의 마지막 일곱 번째인 S는 'Sacrifice' 곧 '희생'입니다.

지도자는 희생하기 위해서 세워졌습니다. 그저 복받고 편하게 쉬고 누리고 영광받고 대접받고 이러기 위해서 지도자로 세워진 게 아니라 희생하기 위해서 세워진 것임을 명심해야 합니다.

다른 사람보다 더 많은 생각을 해야 하고, 다른 사람보다 더 많이 시간을 내야 하고, 때로는 다른 사람보다 잠을 덜 자기도 하고, 다른 사람보다 더 많은 괴로움을 겪기도 하고, 그 밖의 더 많은 희생을 하도록 하기 위해서 세워졌다는 것을 알아야 합니다.

그러므로 이렇게 희생하기를 싫어할 것이면 지금부터라도 지도자의 역할을 그만두어야 합니다. 영적 지도자가 자신을 희생하지 않고서는 그가 이끄는 팀에 활기가 넘칠 수 없으며 부흥하게 되지도 않는 것입니다.

희생이란 자기가 가지고 있고 누릴 수 있는 명예나 권리나 특권 등을 자발적으로 다른 사람을 위해 포기하는 것입니다. 성경에 나오는 모든 지도자들은 팀을 그저 자기 생각대로 이끌면서 그 팀을 부리고 이용하여 자기의 유익을 취한 것이 아니라 도리어 그들을 위해서 자기 자신을 희생한 사람들이었습니다.

물론 그 팀에서는 그 지도자가 얼마만큼 희생했는지를 모를 때도 많이 있습니다. 모를 뿐만 아니라 완전히 오해할 때도 있습니다. 지도자가 얼마나 희생을 하고 있는지를 전혀 이해해 주지 않는 때도 있습니다. 그러나 하나님 앞에서 지도자는 항상 정직하게 양심적으로 희생하는 삶을 살아야 합니다.

모세는 정말로 많은 희생을 했습니다. 그가 자기를 희생한 많은 일 중에 히브리서 11:26을 보면, 그는 "그리스도를 위하여 받는 능욕을 애굽의 모든 보화보다 더 큰 재물로 여겼으니…"라고 하였습니다. 이것이 그의 첫 희생이었습니다.

하나님이 기뻐하시는 가장 큰 희생 제물은 우리 자신의 몸 즉 자기 자신인 것입니다.

창세기 12:1의 아브라함은 본토, 친척, 아비 집을 떠나는 희생을 했습니다. 또한 창세기 22장에서 그는 늙어서 어렵게 얻은 외아들인 이삭을 희생하는 결단을 했습니다.

빌립보서 2:6-11에 나타난 우리 주님께서는 하나님의 본체시지만 하늘나라의 보좌를 버리시고 인간의 몸을 입고 세상에 오시되 가장 낮은 곳에 처하시고 드디어 우리를 위해서 자기 생명을 희생하셨습니다. 그렇게 자기를 희생하셨기 때문에 우리의 주님이 되시고 우리의 진정한 영원한 지도자가 되셨습니다.

빌립보서 3:7-8을 보면 사도 바울은 그가 가지고 있는 모든 인간적 자랑거리를 희생하였습니다.

그러나 무엇이든지 내게 유익하던 것을 내가 그리스도를 위하여 다 해로 여길 뿐더러 또한 모든 것을 해로 여김은 내 주 그리스도 예수를 아는 지식이 가장 고상함을 인함이라. 내가 그를 위하여 모든 것을 잃어버리고 배설물로 여김은 그리스도를 얻고.

예전에 어느 곳에 갔을 때, 관광객들이 주로 다니는 유명 관광지가 아닌 시골 민가 화장실에 들어간 적이 있었습니다. 화장실 바로 밑에 돼지우리가 있어서 거기서 돼지를 키우고 있었습니다. 그 돼지들은 사람이 위에서 변을 보면 그것을 즐겁게 받아먹고 살고 있었습니다. 사도 바울이 배설물로 여기고 버리고 떠난 그것을 혹시 우리는 즐겁게 먹고 좋아하고 있는 것은 아닌지 생각이 됩니다. 얼마나 자주 우리는 이런 돼지처럼 살고 있는지…. 희생하기는 고사하고 남의 배설물 같은 것까지 다 내 것으로 취하고자 애쓰고 있지는 않습니까?

사도 바울은 또한 3년간 밤낮 눈물로써 훈계하는 희생을 하기도 했습니다.

그러므로 너희가 일깨어 내가 삼 년이나 밤낮 쉬지 않고 눈물로 각 사람을 훈계하던 것을 기억하라. (사도행전 20:31)

3년 동안을 밤낮 눈물로써 훈계한 것은 말로는 간단하지만 엄청난 희생입니다. 몇 주, 몇 개월 동안 그렇게 하기는 가능해도, 계속 받아들이지 않으면 지쳐서도 포기하기 쉬운데 삼 년 동안 밤낮을 눈물로 계속 도와 보려고 애를 쓴다는 것은 쉬운 일이 아닙니다. 과연 이렇게 눈물로써 훈계를 해 본 사람, 몇 주

정도의 희생이라도 해 본 사람은 곧 사도 바울이 생각할수록 엄청난 영적 지도자인 것을 인정하게 됩니다.

고린도후서 12:15에 보면 그는 재물과 자기 자신을 다 희생할 수 있는 지도자였습니다. 골로새서 1:24에서 "내가 이제 너희를 위하여 받는 괴로움을 기뻐하고 그리스도의 남은 고난을 그의 몸 된 교회를 위하여 내 육체에 채우노라"라고 한 것은 그렇게 자기 자신을 희생한 것입니다. 그들을 위해서 받는 고난을 기꺼이 자청한 것은 그들을 사랑하고 있기 때문이었습니다.

느헤미야 1:6을 보면, 느헤미야는 '이스라엘 자손을 위하여 주야로 기도하는' 희생의 삶을 살았고, 4:21에 "동틀 때부터 별이 나기까지" 즉 이른 새벽에 일어나서 별이 뜨는 늦은 저녁 시간이 되어서 잠자리에 들어가는 희생적인 삶을 살았습니다.

또한 4:23에는 자기 자신이 총독이지만 가만히 앉아서 다른 사람을 부리는 명령만 한 것이 아니라 자기 자신이 옷을 벗지 아니하고 그 중노동에 함께 동참했습니다.

또 5:14-15에서는 자기가 총독이지만 지금까지 있었던 다른 총독들처럼 살지 않았습니다. 그는 총독의 권리를 주장하지 않

않습니다. 총독의 녹을 먹지도 않았습니다. 자기의 당연한 권리도 이용하지 않았습니다. 그는 이런 면에 자기를 희생하는 본을 보여 주었습니다.

과연 내가 희생하지 못하고 있는 부분은 무엇입니까? 나를 구원해 주신 주님을 위해서, 또 나를 지금까지 이끌어 주고 있는 나의 리더를 위해서, 또 내가 돕고 있는 나의 팔로워들을 위해서 내가 희생하지 못하고 있는 것은 무엇인가요? 자신의 고집스러움, 도저히 마음에 융통성이 없는 것, 또는 가족이나 기타의 인간관계 등을 주님을 위해서 희생하지 못하고 있는 것은 없습니까? 재물이나 지위, 명예, 기타 등등 내가 희생하지 않고 있는 것이 무엇인가 생각해 봐야 하겠습니다.

또 결혼처럼 인생의 중요한 문제에 있어서도 자기 자신을 낮추고 희생할 줄 아는 사람이 행복한 결혼을 합니다. 혹시 결혼을 앞두고 있는 형제 자매라면, '과연 나는 나를 희생하고 있는지, 계산하고 따지는 것을 버리고 믿음으로 하고 있는지?'를 돌아보시기 바랍니다.

자기 삶을 희생하지 않으면 특히 결혼에 있어서도 희생하지 않는 사람은 훌륭한 남편이나 아내가 될 수 없습니다. 이것을 지나친 말이라고 생각할 수 없는 것은 우리 주님께서도 우리를 얻기 위해서 친히 모든 것을 먼저 희생하셨기 때문입니다.

그러므로 희생하려고 하는 태도로 결혼하는 것이 아니라 자기가 좋은 것을 얻기 위한 목적으로만 따지고 계산하여 결혼한 사람은 결혼한 후에도 그 아내에게 또는 그 남편에게 매일 자기를 위해서 살아 주기만을 바라고 있지 자기를 희생할 생각은 하지 않고 있기 때문에 늘 불평하고 서로 다투는 부부 생활을 하게 됩니다.

서로의 필요를 채워 주기 위해 자신을 희생할 줄을 모르는 사람은 주님을 섬기는 사역에서도 자기희생을 모르는 사람이라서 다른 사람들의 필요를 잘 채워 주며 이끌어 갈 수 있는 좋은 리더가 되지 못하게 됩니다. 자기를 희생하기는 원치 않고 자기를 섬겨 주기만을 원하며 또 어떤 문제가 생기면 자기를 돌아보지는 않고 다 상대방 때문이라고 생각합니다.

희생이라고 하는 것은 잃어버리는 것이 아닙니다. 더 큰 것을 얻는 것입니다. 희생은 손해를 보는 게 아니라 오히려 투자하는 것임을 알아야 합니다. 그러나 손해 보지 않으려고 부분적으로만 하는 투자는 유익이 되지 못합니다. 희생을 하되 철저히 전폭적으로 희생해야 합니다. 많은 사람이 희생을 하되 아주 적은 일부만 희생하는 것으로 그치곤 하는데 이렇게 하는 것은 유익이 별로 없게 됩니다. 배우는 교훈도 없고 믿음을 배우지도 못하고 아무 축복을 못 누리게 되는 것입니다.

그러므로 우리가 정말로 가정을 잘 이끌어 나가고, 또한 남편이나 아내와 좋은 관계 가운데 상대를 평안케 해 주고, 또 자기가 맡은 사역의 팀의 필요를 만족스럽게 채워 줄 수 있는 리더가 되려면 반드시 '자기희생'을 배워야 하겠습니다.

❖ ❖ ❖

우리 모두가 충성스러운 지도자, 성실한 지도자,

흠이 없는 지도자, 열매가 풍성한 지도자가 되기 위해서

지금까지의 이 일곱 가지 자질 곧 'FIDELIS'를

복습해 보시고 자신에게 필요한 적용과 실천을

잘해 나가기를 기도합니다.

저자의 다른 저서

소책자

* 전도를 즐기는 삶

    (영문판: A Life That Enjoys Evangelism)
* 열 심

    (영문판: Zeal)
* 말씀 중심의 삶
* 서로 돌아보아…
* 기도의 특권을 누리자
* 배우는 자로 살자

    (영문판: Live as a Learner)
* 청년의 시기를 어떻게 보낼 것인가

    (영문판: How to Live Out Our Youth)
* 하나님의 말씀은…
* 그리스도인의 삶의 올바른 동기
* 감격하며 살아야 할 그리스도인

- CARE(서로 보살피는 부부)
- 참 특이한 기도(PPP: Pretty Peculiar Prayers)
- 상급으로 주신 자녀
- 가정의 중요성
  (영문판: Importance of Home & Family)
- 날마다 제 십자가를 지고
  (영문판: Taking Up the Cross Daily)
- 주님의 부르심을 따라가는 삶
- 견고하게 평생 지속해야 할 일

단행본

- 이 시대의 가치 있는 삶
- 영적 재생산의 삶
- 하나님의 능력을 경험하는 삶
- 거룩하고 아름다운 동행
- 주님께서 주신 축복들
  (영문판: Counting the Lord's Abundant Blessings)
- 우리의 마음은 무엇에 지배되어야 하는가
- 그리스도 제자의 다섯 가지 기본 신념
- 응답받는 기도

영적 지도자의 자질 'FIDELIS'

초판 1쇄 발행 : 2025년 7월 21일

펴낸곳 : 네비게이토 출판사 ⓒ
주소 : 03784 서울시 서대문구 연희로 16 (창천동)
전화 : 334-3305(대표), 334-3037(주문), FAX : 334-3119
홈페이지 : http://navpress.co.kr
출판등록 : 제10-111호(1973년 3월 12일)
ISBN 978-89-375-0671-0 03230

본 출판사의 서면 허락 없이는 본서의 전부 또는
일부의 무단 복제, 또는 원문에 대한 무단 번역을 금합니다.